Andrea Schwarz

Eigentlich ist Weihnachten ganz anders

Das Buch

Auf alltagsnahe und zum Teil verblüffende Weise erinnert Andrea Schwarz an das Geheimnis von Weihnachten und führt vom Advent bis zu Dreikönig durch die weihnachtliche Zeit. Sie erklärt, warum nicht nur Ochs und Esel zu den Krippentieren gehören, sondern auch Mistkäfer und Maulwürfe weihnachtliche Tiere sind. Oder warum es die Heilige Familie nur im Dreierpack gibt und warum die Karotten eine besondere Beziehung zu den Heiligen Drei Königen haben und vor allem: Warum Weihnachten eine Zusage ist, die uns zugleich aufatmen und aufbrechen lässt.

Die Autorin

Andrea Schwarz, Industriekauffrau und Sozialpädagogin, viele Jahre in der Gemeindearbeit in Viernheim bei Mannheim sowie ehrenamtlich bei Projekten der Mariannhiller Schwestern in Südafrika, heute als gefragte Referentin und Bibliolog-Ausbilderin tätig. Sie ist pastorale Mitarbeiterin im Bistum Osnabrück. Andrea Schwarz gehört zu den meistgelesenen christlichen Autoren unserer Zeit.

Andrea Schwarz

Eigentlich ist Weihnachten ganz anders

Hoffnungstexte

HERDER

FREIBURG · BASEL · WIEN

HERDER spektrum Band 6711

FSC
www.fsc.org
MIX
Papier aus verantwortungsvollen Quellen
FSC® C083411

Titel der Originalausgabe: Eigentlich ist Weihnachten ganz anders.
Hoffnungstexte

ISBN 978-3-451-29645-1

www.herder.de

Umschlagkonzeption: Finken & Bumiller
Umschlaggestaltung: Verlag Herder
Umschlagmotiv: © Getty Images

Herstellung: CPI books GmbH, Leck

Printed in Germany

ISBN 978-3-451-06711-2

Lieber Leser, liebe Leserin,

das ist ein anderes Weihnachtsbuch. Und zwar aus dem einfachen Grund, weil Weihnachten eigentlich ganz anders ist. Dieses Fest hat wenig mit »Süßer die Glocken nie klingen« und Stimmung und Romantik zu tun – und noch weniger mit den Stresseinkäufen und den Parkplatzkämpfen kurz vor den Feiertagen.

Weihnachten ist sogar eigentlich ein ziemlich erbärmliches Fest, wenn man genau hinschaut. Ein kleines Kind kommt in einem dreckigen Stall zur Welt, die Elternschaft scheint reichlich ungeklärt, und gleich nach der Geburt muss die Familie die Flucht ergreifen, um nicht umgebracht zu werden. Und gut dreißig Jahre später endet die Geschichte dieses Kindes damit, dass es brutal am Kreuz ermordet wird. Und was, bitte schön, soll das damit zu tun haben, was wir heutzutage an Weihnachten feiern? Oder müsste ich richtiger sagen: Was wir daraus gemacht haben?

Mit dem Tod am Kreuz endet eben die Geschichte dieses Kindes nicht – sondern sie fängt damit eigentlich erst an. Und sie wird zu einer Weltreligion, in der Christen daran glauben, dass vor gut zweitausend Jahren in diesem Kind Gott als Mensch zur Welt kommt, um uns ganz nahe zu sein.

Wenn Gott uns aber ganz nahe kommen will, dann ist da nicht nur Lachen, Freude, Glücklich-Sein. Menschliches Leben ist mehr. Dazu gehört auch Weinen, Angst und Hoffnungslosigkeit, dazu gehört manchmal auch der Dreck im eigenen Stall – und der Tod. Wenn Gott zur Welt kommt, dann kommt er nicht nur in die nette, schöne und heile Welt, die wir in den vier Wochen vor Weihnachten inszenieren, sondern dann kommt er gerade auch in diese dunkle Welt, in der Menschen keinen Ausweg mehr wissen, auf der Flucht sind, verhungern, hingerichtet werden. Dann kommt er zu Menschen, die einsam sind und von Angst besetzt, nicht wissen, wie sie die nächste Miete bezahlen sollen, wann sie das nächste Mal eine warme Mahlzeit bekommen. Dann kommt er zu den Menschen, deren Träume gescheitert sind, die keinen Ausbildungsplatz finden, deren Diagnose heißt: »Nicht mehr heilbar«.

Gott kommt nicht zu den Reichen, Starken, Schönen, um mit ihnen rauschende Feste zu feiern, sondern er kommt zu den Kleinen, Armen, Schwachen. Er kann die Dunkelheiten, in denen sie leben, in denen wir leben, nicht wegnehmen, aber er begibt sich selbst mit hinein, als Kind in der Krippe, als Sterbender am Kreuz, um uns zu sagen: »Ich liebe euch so sehr, dass ich euch nicht alleine lasse!«

Dieser Gott erbarmt sich unser, indem er selbst Mensch wird und all diese Dunkelheiten unseres Mensch-Seins auf sich nimmt, um uns ganz nahe zu sein.

Begonnen hat das damals vor gut zweitausend Jahren in Betlehem. Das ist der eigentliche Anlass, warum wir Weihnachten feiern. Und deshalb ist Weihnachten ein ziemlich erbärmliches Fest – weil Gott sich unser erbarmt. Ein Weihnachtsfest, das diese Dunkelheiten ausklammert, macht eigentlich keinen Sinn. Und die künstlichen Lichter, die wir in diesen Wochen großzügig verteilen und anschalten, können nur oberflächlich über diese Dunkelheiten hinwegtäuschen.

Denn Weihnachten ist eigentlich ganz anders.

Und deshalb beginnt dieses Buch auch mitten im November …

Viernheim, am Montag der Karwoche 2007
(vielleicht gar nicht so unpassend?)

Andrea Schwarz

INHALT

WEIHNACHTEN

ICH BIN DA – ES IST WEIHNACHTEN

JAHRESWECHSEL

FEST DER ERSCHEINUNG DES HERRN (DREIKÖNIG)

Bonjour tristesse!
oder: Meine Traurigkeit umarmen …

Ganz ehrlich gesagt – ich mag den November. Und zu diesem Monat gehören für mich durchaus manche Stimmungen einfach mit dazu: Ein wenig Traurigkeit, ein wenig Melancholie – und auch das Schmuddelwetter, das es an manchen Tagen gar nicht richtig hell werden lässt. Trotzdem …

Ich weiß, dass ich mit dieser Meinung ziemlich alleine stehe, für die meisten Menschen ist dieser Monat nur grau und trist, und sie würden ihn am liebsten ganz streichen, wenn es denn irgendwie ginge. Und wer es sich zeitlich und finanziell leisten kann, entflieht der Nebelküche und tankt irgendwo im Süden ein paar Sonnenstrahlen.

Aber ich glaube, dass diese tristen Novembertage eine wichtige Aufgabe im Gesamt des Jahres haben – und eine wichtige Lebenslektion für uns sein wollen. Und die Lektionen des Lebens sind nicht immer nur schön, nett und angenehm, auch im Leben scheint eben nicht immer nur die Sonne. Da gibt es Traurigkeit, Angst, Einsamkeit, Krankheit und Sterben. Und da gibt es keine Billigflieger, die einen grad mal eben in die sonnigen Gefilde entführen.

Diese Lektionen wollen und müssen gelernt werden – und wer sie nicht lernt, der bleibt sitzen, der kommt nicht voran. Das ist im Leben nicht anders als in der Schule. Und die Novembertage könnten ein ganz guter Schulmeister dafür sein.

Das erste Kapitel dieser Lebenslektion heißt: »Wir brauchen das Dunkle, die Traurigkeit, um zu wachsen.« Viele Eltern kennen das eigentlich von ihren Kindern: Eine überstandene Krankheit, das erste Mal ohne die Eltern unterwegs sein – und die Kinder kommen »erwachsener« aus solchen Tagen heraus, bis dahin, dass anschließend manchmal die Hosen tatsächlich nicht mehr passen.

Wir erleben die dunklen Zeiten unseres Lebens als unangenehm – und deuten sie deshalb schnell als Krise. Aber die dunklen Zeiten sind eigentlich Phasen, in denen wir etwas verarbeiten, in denen in uns etwas heranwachsen und -reifen kann. Unsere Energie kann sich auf das »in uns« konzentrieren. So ist Traurigkeit eine Form, Trauer zu verarbeiten, einen Abschied, einen Verlust. Wer eine solche Traurigkeit nicht zulässt, sondern sie einfach nur verdrängt, der verarbeitet auch eine solch menschliche Erfahrung nicht, sondern packt sie einfach nur weg, ohne daraus zu lernen. Daraus ergeben sich die sprichwörtlichen »Leichen im Keller« – also all das, was man nicht begraben, sondern nur versteckt hat. Und das kann einem im unpassendsten Moment einen Streich spielen – und gerade dann zur »Kellertreppe« hochkommen, wenn man es überhaupt nicht gebrauchen kann.

In den dunklen Zeiten unseres Lebens können wir die Erfahrungen verarbeiten, die wir gemacht haben. Genau das erleben wir beim Schlafen. Wir schließen die Augen, schotten uns sozusagen von allen Außeneindrücken ab, lassen es dunkel um uns werden – um gerade in der Zeit in unseren Träumen die vielen Eindrücke zu verarbeiten. Der künstliche Entzug von Schlaf kann tatsächlich als »Foltermethode« angewendet werden – weil die Seele sich nicht mehr regenerieren kann.

Das ist die erste Einladung des Novembers – gerade weil es so grau und trist um uns herum ist, können wir uns auf uns selbst konzentrieren, haben wir endlich Zeit, uns selbst nachzuspüren. Dass das nicht immer angenehm und schmerzfrei abgeht – einverstanden.

Die zweite Lektion: »Der November ist die Zeit des Übergangs«, die Zeit des »dazwischen«. Könnten Sie sich wirklich vorstellen, direkt vom »goldenen Oktober« in den Advent überzuwechseln? Im vergangenen Jahr war ich in den letzten Novembertagen mit Freunden in Südafrika – und so schön diese Tage auch waren: Der Advent war in dem Jahr sehr viel ärmer für mich. Wenn man sich gerade an 35 Grad Außentemperatur gewöhnt hat, sehnt man sich nicht unbedingt nach dem wachsenden Licht der Kerzen am Adventskranz und Rorate-Gottesdiensten – wenn man dunkle, trüb-triste Novembertage erlebt hat, schon eher. Wer im »Hellen« sitzt, weiß das wachsende Licht nicht zu schätzen – das Licht gewinnt erst auf dem Hintergrund des »Dunklen« seine Bedeutung: »Ein Volk, das im Dunkel sitzt, sieht ein helles Licht« (Jesaja 9,1).

Und das verbindet die zweite Lektion mit der ersten: Die dunklen Zeiten unseres Lebens sind die Übergänge vom einen zum anderen. Sie stehen nicht für: »Nichts geht mehr!«, sondern für: »Das geht nicht mehr – etwas Neues fängt an!« Wir nehmen Abschied, wir lassen los, damit etwas Neues beginnen kann. Wer aber dem Abschied keinen Raum gibt, für den kann auch nichts Neues beginnen.

Und damit kommen wir zur dritten Lektion: »Der November zeigt uns die Vorläufigkeit des Irdischen und verweist uns auf das, was wirklich wichtig ist.« Alles Irdische vergeht, ist vorläufig. Deshalb kann es eigentlich auch nicht so arg wichtig sein. Was aber bleibt? Was ist das, das uns durch alle Höhen und Tiefen unseres Lebens hindurchträgt?

Der November entlarvt all das, was unsere Gesellschaft, die Versandhauskataloge, das Fernsehen oft als angeblich so wichtig anpreisen. All das ist vergänglich. Es macht schon Sinn, dass all die Totengedenktage in diesem Monat liegen – denn der Tod hat die gleiche Aufgabe: uns an das zu erinnern, was im Leben wirklich zählt, Wichtiges vom Unwichtigen zu trennen.

Es gibt drei Möglichkeiten, mit dem November und all dem, was mit diesem Monat an Stimmungen verbunden ist, umzugehen: zwei davon sind ziemlich ungesund und führen nicht gerade zum Leben – die dritte ist die Möglichkeit, die weiterhilft.

Man kann den November komplett verdrängen, darüber schimpfen, wegfahren, sich aufregen. All das wird überhaupt nichts daran ändern, dass es den November gibt – und dass wir solche Tage brauchen. Und Sie können ziemlich sicher sein: Wenn Sie den November nicht dann leben, wenn er angesagt ist, dann meldet er sich irgendwann anders zu Wort. In unserem Leben kann der »November« durchaus auch im Mai oder im Juli stattfinden – und dann gilt es, ihn eben dann zu leben. Der Monat im Sinne des Kalenders will nur dabei helfen und daran erinnern, dass es da eventuell für uns etwas zu tun gibt.

Die zweite Möglichkeit, die in eine Sackgasse führt: Es gibt Menschen, die sich so sehr in diese Stimmungen verlieren, dass sie daran erkranken. Sie verstehen den »November« nicht als Übergang, sondern als Ende. Sie verlieren sich in ihre Traurigkeit, werden selbst trist und grau – und vergessen dabei, an das Licht zu glauben, das auch ihnen scheint, wenn sie die Augen dafür öffnen würden. Solche Menschen brauchen oft Hilfe, weil sie sich selbst so sehr in ihrem Dunkel verloren haben, dass sie alleine nicht mehr herauskommen.

Die dritte Möglichkeit ist die Chance, die die Natur und auch der »Kirchenkalender« anbietet: den November als Übergang verstehen und nutzen, um die Erfahrungen des »Sommers« reifen zu lassen und zu verarbeiten. Dem Dunklen einen Raum geben, weil man es nicht als unangenehme, zu vermeidende Nebenerscheinung versteht, sondern als Bestandteil unseres Lebens, in dem Neues wachsen und entstehen kann, als eine Zeit, in der man Abschied nimmt, damit Neues werden kann.

Der November ist eine Zeit, die gerade dadurch, dass sie uns die Vorläufigkeit unseres Lebens bewusst macht, auf Gott verweist. Oder, um es noch einmal anders zu sagen: Die Botschaft unseres Glaubens kann ihre eigentliche Leuchtkraft eigentlich erst auf einem solch dunklen Hintergrund wirklich ausstrahlen.

Die Solidarität eines Gottes, der seinem Sohn das Dunkel nicht erspart, nicht die Tränen, das Leiden, ja sogar den Tod, mag für all diejenigen nicht so wichtig sein, für die nur die Sonnentage zählen. Wer sich aber auf den November einlässt, weil er sich auf das Leben einlässt, weiß die Solidarität dieses Gottes durchaus zu schätzen.

Und erst dann bekommen die Kerzen des Adventskranzes auch einen Sinn … eine Kerze im Dunkel anzünden, das Licht wachsen lassen – weil Gott uns unser Dunkel zwar nicht nimmt, aber mitten hineinkommt.

manchmal
besucht mich
meine Traurigkeit

gestern abend
war sie
wieder da
meine Traurigkeit

sie hatte sich
nicht angemeldet
hatte nicht
an der Tür geklopft

plötzlich stand sie
einfach da
und schaute mich
nur an

und ich
schaute weg
wandte
mich ab

aber sie
kennt mich
kennt mich gut
meine Traurigkeit

sie ist da
schaut mich
nur an
und berührt mich

und zitternd
stehe ich still
und lass mich
berühren

lass
mich

von meiner Traurigkeit
umarmen

und umarme
meine Traurigkeit

ZWISCHENSPIEL

In dieser herbstlichen Zeit, da es zu wintern beginnt, wird die Welt stiller. Alles um uns herum wird farblos und blass. Es fröstelt uns. Man ist wenig aufgelegt zu buntem Treiben und lautem Lärm. Man ist lieber und leichter als in anderen Gezeiten des Jahres bei sich zu Hause und allein. Es ist, wie wenn die Welt kleinlaut geworden wäre und den Mut verloren hätte, sich selbst zu behaupten, von sich überzeugt zu sein und stolz auf ihre Macht und ihr Leben. Ihr Anlauf in der schwellenden Fülle des Frühlings und des Sommers ist missglückt, denn die Fülle ist wieder verloren gegangen.
Da ist es an der Zeit, die Melancholie dieser Zeit zu überwinden, sich selber leise und treu zu sagen, was der Glaube uns sagt, da ist eine Zeit, das Wort des Glaubens gläubig zu sprechen: Ich glaube an die Ewigkeit Gottes, die in unserer Zeit, in meine Zeit hineingekommen ist. Unter dem ermüdenden Auf und Ab der Zeit wächst schon heimlich das Leben, das keinen Tod mehr kennt.

Karl Rahner

Drei Wochen vor Weihnachten …

… ich muss noch den Christbaum besorgen …

… das Paket an Tante Lucia muss noch weg, hoffentlich ist es auf der Post nicht wieder so voll …

… ich hab noch kein Foto für den Weihnachtsgruß dieses Jahr …

… am zweiten Feiertag kommt Besuch, was soll ich denn da kochen …?

… ob die Weihnachtsplätzchen bis Weihnachten reichen – oder muss ich noch mal backen …?

… für Bernd hab ich noch kein Geschenk …

… muss gerade jetzt die Waschmaschine kaputt gehen …?

… morgen ist die Weihnachtsfeier im Betrieb, was zieh ich denn da an …?

… ach – und der Mantel muss ja noch in die Reinigung …

… Jingle bells und Rudolph the red-nosed reindeer und …

Weihnachten – wohl das schönste Fest im Jahr – aber jedes Fest will auch vorbereitet sein. Und entsprechend umtriebig geht es in den Wochen kurz vor Weihnachten zu.

Aber war da nicht noch was?

Donnerstagmorgen, 6.15 Uhr. Durch die schneidendkalte Luft tönt Glockengeläut. Am Kircheneingang brennt eine Lampe, einzelne Autos fahren heran, Menschen in dicken Wintermänteln, mit Mützen und Handschuhen, begrüßen sich leise, die Kirchentür fällt leicht quietschend ins Schloss. In der Kirche ist es still, da sucht jemand raschelnd was in seiner Manteltasche, dort knarrt eine Bank. Es ist dunkel, nur einzelne Kerzen flackern im Zugwind.

Und dann plötzlich die Orgel mit den alten Weisen, »O Heiland, reiß die Himmel auf!« und »Tauet, Himmel den Gerechten«, die verheißungsvollen Worte, »Ein Kind wird uns geboren, ein Sohn wird uns geschenkt«, die vertrauten Gebete … *Rorate** …

Und ich spüre, wie mich diese Stimmung plötzlich berührt und einfängt. Da ist so viel Dunkel im Leben von uns Menschen – und auch manchmal in meinem Leben.

* Mit »Rorate« werden im katholischen Festjahr adventliche Gottesdienste bezeichnet, die als Lichtfeiern in der Dunkelheit stattfinden. Der Name leitet sich von dem alten Eröffnungsvers dieser Feiern ab: »Rorate caeli desuper«, auf Deutsch: »Tauet, Himmel, von oben [und ihr Wolken regnet den Gerechten herab]« (Jesaja 45,8).

Da sind die einsamen Stunden, in denen man nicht mehr weiterweiß, die Last auf den Schultern zu groß wird und niemand da ist, der tragen hilft. Da ist die alte Mutter, an Alzheimer erkrankt, die nicht mehr weiß, dass ihr Sohn sie vor einer Stunde besucht hat. Da ist der greise Mann, der sterben will und nicht sterben kann. Ich sehe die weinenden Eltern vor mir, als ich mit der Polizei die Todesnachricht überbringe. Ich denke an das Trauergespräch, in dem ich, zusammen mit den Angehörigen, nur fragen kann »Warum?«. Barbara fällt mir ein, die mit ihren drei kleinen Kindern von ihrem Mann sitzen gelassen wurde und der das Geld hinten und vorne nicht reicht. Thorsten hat die Kündigung bekommen, und er weiß ziemlich genau: Über 50? – Keine Chance! Simones Freund hat grad Schluss gemacht – und Peter, der kleine Ministrant da vorne am Altar, weiß noch nicht, ob er das mit dem Gymnasium wirklich packen wird.

»O komm, o komm Immanuel, befrei dein armes Israel!« Möge Gott doch in all diese Dunkelheiten von uns Menschen hineinkommen, sich verströmen, sich vergießen, möge er all das Dürre in mir benetzen, mich neu beleben, die Wasser des Lebens in mir sprudeln lassen!

Die alten Worte werden plötzlich zu meinen Worten, zu meinen Bitten, zu meinem Gebet …

An diesem Morgen kann ich sie mir eingestehen, die Dunkelheiten meines Lebens, kann mich berühren lassen vom Dunkel der anderen, fühle mich im Schmerz verbunden, in der Angst, der Traurigkeit.

Das ist nicht immer so. Und auch das hat seine Richtigkeit: Ich kann nicht jeden Tod mitsterben, ich kann nicht jedes Problem lösen, nicht jede Einsamkeit nehmen. Und die Fülle an Leiden und Schmerzen, mit der wir gelegentlich konfrontiert sind, lässt uns manchmal auch gar keine andere Wahl. Dann ist bei aller Nähe gefragt, dass ich so distanziert sein und bleiben kann, dass ich handlungsfähig bleibe – im Interesse derer, mit denen ich lebe und für die ich arbeite.

Aber gerade diese notwendige Distanz kann es manchmal mit sich bringen, dass man auch abstumpft, das Leiden und die Schmerzen gar nicht mehr an sich heran lässt. Man vermeidet die Berührbarkeit, weil es wehtut, weil man keine Perspektiven mehr sieht, weil die Kraft nicht mehr reicht. Dann wird es hart in mir, unbarmherzig, dann wächst mir eine Hornhaut auf der Seele. Dann sehe ich den anderen nicht mehr als Mensch, sondern nur noch als »Fall«, als zu lösendes Problem, als Punkt auf meiner »Zu-erledigen-Liste«. Und das ist nicht nur in den seelsorglichen Berufen eine Gefahr, sondern in allen helfenden Berufen, auch bei Pflegenden und Medizinern …

Es gibt aber eine noch größere Gefahr: Es kann geschehen, dass ich auch die Berührung mit mir selbst vermeide, dass ich mir selbst und meinen Dunkelheiten gegenüber abstumpfe, mir selbst gegenüber hart werde, nur noch funktioniere, aber nicht mehr lebendig bin.

Wie aber will ich auch nur ansatzweise die Schmerzen anderer verstehen, wenn ich selbst nicht mehr weiß, was Schmerzen sind? Wie will ich mich in das Dunkel der anderen hineinbegeben, wirklich hineinbegeben, wenn ich Angst vor meinem Dunkel habe? Wie will ich anderen vom Wasser des Lebens geben, wenn in mir alle Brunnen und Quellen versiegt sind? Wie kann ich Weinende trösten, wenn ich vergessen habe, wie man weint?

Donnerstagmorgen, 6.15 Uhr: »Tauet, Himmel, den Gerechten, Wolken, regnet ihn herab!« Es ist meine bange Nacht, es ist meine Dunkelheit, es ist meine Angst, aus der heraus ich rufe. Es ist die Angst, dass es der Dunkelheiten zu viel sind, dass ich sie nicht mehr mittragen kann. Es ist die Angst davor, dass es in mir kalt und hart wird, die Lebendigkeit in mir verdorrt aus Angst vor den Schmerzen, dass ich austrockne, weil vor lauter Terminen und Aktivitäten die Quelle meines Lebens verloren gegangen ist.

Gott, tau dich in die Dürre meines Lebens hinein! Mache lebendig, was in mir gestorben ist! Verströme dich in mir, in mich hinein! Lass nicht zu, dass ich hart werde und unbarmherzig! Nicht mir selbst – und nicht den anderen gegenüber!

Und die Zeile eines Gedichtes von Dorothee Sölle fällt mir ein, die mein Bitten, mein lautloses Schreien auf den Punkt bringt: »Gib mir die gabe der tränen gott«. Lass mich weinen können, um mich, um die anderen. Regne dich auf mich herab, damit ich berührbar bleibe! Lass nicht zu, dass ich mich verstecke, vor mir selbst und den anderen!

Und mit diesem Schrei öffne ich mich. Ich öffne mich für dich, Gott – »Tauet, Himmel, den Gerechten! Wolken, regnet ihn herab!« Tau dich auf mich herab, tau dich in mich hinein! Regne dich in meine Trockenheit hinein! Tränke, was verdorrt ist! Schenk mir Hoffnung, lehre mich, mit meiner Einsamkeit umzugehen! Gib mir Mut gegen meine Angst, gib mir Hoffnung wider alle Hoffnungslosigkeit!

Das ist Donnerstag, 6.15 Uhr, drei Wochen vor Weihnachten. Das ist Rorate. »Gib mir die gaben der tränen gott!« Das ist nicht irgendein Gottesdienst, sondern das ist der Gottesdienst, in dem ich darum beten kann, dass ich die »gabe der tränen« nicht verliere, dass ich in all meiner notwendigen Distanz, die die Rolle mit sich bringt, doch Mensch bleibe, dass mich die Nähe zu mir und den Menschen lebendig sein lässt – auch wenn es manchmal wehtut. Dass mich die Angst vor den Schmerzen nicht die Berührung vermeiden lässt, dass ich »weich« bleibe und nicht hart werde.

»Ein Volk, das im Dunkel lebt, sieht ein helles Licht; über denen, die im Land der Finsternis sitzen, strahlt ein Licht auf« (Jesaja 9,1).

Im Dunkel der Kirche strahlt noch kein helles Licht auf – und auch nicht in meinem Leben. Aber mein Blick fällt auf die Kerze vor mir, die notdürftig den Text des Liedes im Gesangbuch erhellt. Ich schlage das Buch zu – und schaue auf die kleine Flamme. Ich will sie jetzt nicht verzwecken, sie ist nicht dazu da, um zu …

Sie ist einfach da. Sie hat keinen Ehrgeiz, sie maßt sich gar nicht an, die ganze Kirche erhellen zu wollen. Sie brennt einfach vor sich, gibt sich und verschenkt sich. Und sie fragt nicht, was es bringt.

Und doch – diese kleine Kerzenflamme wird zu einem Lichtpunkt im Dunkel. Meine Augen suchen sie, sie wärmt ein klein bisschen an diesem kalten Morgen, sie kann das Dunkel nicht vertreiben – und doch erzählt sie von der Hoffnung gegen alle Hoffnungslosigkeit, sie erzählt davon, dass es ein Licht gibt, das in unsere, in meine Dunkelheiten hineinkommt.

Glaube ich noch an dieses Licht? Kann ich Gott voll Vertrauen noch all diese Dunkelheiten in mir und um mich herum hinhalten, damit er sie erhellen möge?

Donnerstagmorgen, 6.15 Uhr, Rorate … das ist ein anderer Gottesdienst. Das ist ein Gottesdienst, in dem das Dunkel sein darf – das Dunkel meines Lebens und all die Dunkelheiten derer, die ich begleite. Das ist ein Gottesdienst, in dem ich meine eigenen Dunkelheiten vor Gott bringen darf. Und ich darf erleben, dass da ein Licht brennt – all meinen Dunkelheiten und denen des Lebens zum Trotz. Auch wenn es im Zugwind manchmal ein wenig flackert …

Rorate – dafür brauchen wir eigentlich keine noch so netten Gottesdienst-Vorschläge. Die alten Texte, die alten Melodien tun es viel besser. Mitten im Dunkel unseres Lebens ein Licht anzünden, die alten Gebete sprechen, das Dunkel zulassen, der flackernden Kerze glauben … einfach sein. Mich mit meinen Dunkelheiten vor Gott bringen, dem Dunkel trauen – weil Gott selbst mitten in dieses Dunkel hineinkommt.

»Denn uns ist ein Kind geboren, ein Sohn ist uns geschenkt!« (Jesaja 9,5) – darauf leben wir in diesen Tagen hin. Noch sind wir im Dunkel, noch sind wir in Erwartung, noch erflehen wir Regen und Tau – aber genau das ist unsere Chance: Damit wir »nicht verhärten in dieser harten Zeit«, wie es Wolf Biermann in einem seiner Lieder singt.

Donnerstagmorgen, 6.15 Uhr. Das ist Rorate. Das Dunkel zulassen, damit ein Licht leuchten kann … damit ich berührbar bin und bleibe… allen Dunkelheiten zum Trotz.

Damit Weihnachten werden kann …

Gib mir die gabe der tränen gott

gib mir die gabe der tränen gott
gib mir die gabe der sprache

Führ mich aus dem lügenhaus
wasch meine erziehung ab
befreie mich von meiner mutter tochter
nimm meinen schutzwall ein
schleif meine intelligente burg

Gib mir die gabe der tränen gott
gib mir die gabe der sprache

Reinige mich vom verschweigen
gib mir die wörter den neben mir zu erreichen
erinnere mich an die tränen der kleinen
studentin in göttingen
wie kann ich reden wenn ich vergessen habe
wie man weint
mach mich nass
versteck mich nicht mehr

Gib mir die gabe der tränen gott
gib mir die gabe der sprache

Zerschlage den hochmut mach mich einfach
lass mich wasser sein das man trinken kann
wie kann ich reden wenn meine tränen nur für
mich sind

nimm mir das private eigentum und den wunsch
danach
gib und ich lerne geben

Gib mir die gabe der tränen gott
gib mir die gabe der sprache
gib mir das wasser des lebens

Dorothee Sölle

ADVENT

Höre, mein Herz, Gott hat schon begonnen, seinen Advent in der Welt und in dir zu feiern. Leise und sanft, so leise, dass man es überhören kann, hat er die Welt und ihre Zeit schon an sein Herz genommen, ja sein eigenes unbegreifliches Leben eingesenkt in diese Zeit.

Karl Rahner

Abenteuer Advent

Eigentlich kennen wir das aus alten Märchen – und die erzählen in ihrer Sprache und ihren Bildern viel vom Leben: Wer einem »Geheimnis« begegnet – und diesem Geheimnis offen gegenübertritt, sei es die verwunschene Prinzessin, der böse Drache, das Einhorn –, der kann sich auf Abenteuer gefasst machen. Wer Geheimnisse im Leben zulässt, der kann und wird was erleben. Und so kommt es wohl auch nicht von ungefähr, dass das ursprünglich lateinische Wort »Advent« und das englische Wort »adventure«, auf Deutsch »Abenteuer«, auf die gleiche Sprachwurzel zurückgehen. Wer sich auf das Geheimnis der Menschwerdung Gottes einlässt, wer dem Geheimnis der Weihnacht offen gegenübersteht – der kann und wird was erleben: Abenteuer Advent.

Andererseits: Wer das Geheimnis von Weihnachten verstehen will, der braucht den Advent – der braucht die Zeit, in der wir eingeladen sind, neu leben zu lernen, uns neu auf das Abenteuer Leben einzulassen. Wer Weihnachten feiern will, der braucht diese Wochen, die uns daran erinnern und darauf vorbereiten wollen, was Weihnachten eigentlich für uns bedeutet. Wer Weihnachten wirklich feiern will, der braucht das Abenteuer Advent, damit Weihnachten werden kann.

Advent lässt sich deshalb nur verstehen und entsprechend gestalten, wenn man diese Zeit von hinten her buchstabiert, wenn man von Weihnachten her denkt. Und genauso wenig, wie Weihnachten nur ein Datum in unserem Terminkalender sein will, genauso wenig sind diese Wochen vor Heiligabend lediglich die Zeit vom

1. Adventssonntag bis zum 24. Dezember, genauso wenig sind diese Wochen nur eine Zeit der Plätzchen und des Einkaufens, von Stress und Weihnachtspost und Adventskranz und »Wir sagen euch an« und und und …

Abenteuer Advent – das ist warten und lauschen, ob sich irgendwas tut. Das ist suchen und sich auf den Weg machen. Das ist mitten im Dunkel den Stern sehen und ihm trauen. Das ist träumen und wünschen, hoffen und ersehnen. Das ist sich nicht zufrieden geben mit dem, was ist – das ist sich ausstrecken nach dem, was noch nicht ist, aber was sein könnte. Das ist sehnsüchtig sein nach mehr Leben und Lebendigkeit, das ist Ausschau halten nach Gott in meinem Leben. Das ist staunen können, wach sein, hellwach – und hinschauen, hinschauen auf mein Leben, auf diese Welt.

Und damit fängt das Abenteuer schon an: Das Unsagbare hören, dem Unglaublichen trauen, sich aufmachen, sich auf den Weg machen.

Wer sich dem Geheimnis der Weihnacht nähert, der lässt sich ein auf das Abenteuer, auf das Abenteuer Advent …

Ein Gott, der uns entgegenkommt

Um diesen Weg des Abenteuers gestalten zu können, müssen wir Weihnachten richtig verstehen. Erst dann, wenn wir uns bewusst sind, auf was wir uns da eigentlich einstimmen und vorbereiten wollen, können wir unser Leben darauf hin ausrichten.

Weihnachten – das hat eigentlich nichts mit dem zu tun, was die meisten Menschen und unsere Gesellschaft daraus gemacht haben. Weihnachten, das ist kein nettes, süßliches Fest – und das ist nicht Friede, Freude, Eierkuchen. Das ist nicht eitel Harmonie und das ist nicht Freundlichkeit, auf 48 Stunden begrenzt.

Weihnachten – das stellt unsere Welt auf den Kopf, das ist radikal, das will die Veränderung.

Ein Gott, der Gott, an den wir glauben, wird Mensch. Da liebt uns ein Gott so sehr, dass er selbst Mensch wird.

Da macht sich ein starker, großer, allmächtiger Gott in einem Kind in der Krippe klein, schwach und ohnmächtig. Da lässt sich ein Gott auf uns Menschen so sehr ein, dass er selbst Mensch wird. Da liebt uns einer so sehr, dass er in unser Dunkel, in unser Leid, in unsere Traurigkeit, in unsere Begrenztheit hineinkommt. Da macht sich ein Gott in einem Kind klein, damit wir wenigstens in ihm etwas von der Größe dieses Gottes erahnen können, es vielleicht begreifen können.

Da ist ein Gott so groß und stark, dass er sich klein und schwach machen kann. Da ist ein Gott so voll Liebe, dass er sich ganz den Menschen gibt. Da ist sich ein Gott nicht zu fein dafür, in einem Stall zur Welt zu kommen – in dem Stall meines Lebens, in dem es auch oft dreckig und unaufgeräumt ist – und in dem auch manches vielleicht zum Himmel stinken mag.

Gott kommt zur Welt.

Er wartet nicht darauf, dass die Welt, dass wir zu ihm kommen. Er kommt zu uns.

Er bleibt nicht huldvoll lächelnd auf irgendeinem Thron sitzen, nein – er kommt uns entgegen.

Er wird Mensch in einer jungen Frau aus dem Volk Israel. Er hat sich für seine Geburt kein vornehmes Zimmer reservieren lassen – und, kaum zur Welt gekommen, ist Flucht, Obdachlosigkeit und Asyl angesagt. Er macht es sich nicht bequem – er kommt mitten hinein in unser Menschenleben, in das Dunkel, die Heimatlosigkeit, den Dreck, die Begrenztheit unseres Lebens.

Er wartet nicht darauf, dass wir uns auf den Weg zu ihm machen – er kommt uns entgegen. Er kommt zu uns – weil es für uns manchmal so schwer ist, zu ihm zu gehen.

Weihnachten – das ist das Fest des entgegenkommenden Gottes. Das ist das Fest Gottes, das von seiner Liebe zu den Menschen erzählt. Und das ist das Fest der Menschen, die die Liebe dieses Gottes feiern.

Ein Gott, der uns entgegenkommt …

Dunkler Advent

heftig
bricht
das leben ein

einsamkeit
krankheit
ohnmacht

tränen
schmerzen
leid

dunkel und herb
tragisch und traurig
und es gibt kein wozu

und ich
werde
konfrontiert

mit dem leben
mit mir
mit Gott

das
ist
advent

weihnachten
kann nur werden
wenn advent war

und sterne
können nur
im dunklen

leuchten

Advent – Trainingslager für das Leben

Wer den Advent auf einen Zeitraum reduziert, der hat Weihnachten gründlich missverstanden – und der wird Weihnachten nicht feiern können. Advent will mehr sein als eine Zeit, mehr als die Wochen vor Heiligabend. Advent ist eine Einübung ins Leben.

Alle Zeichen und Symbole, die ursprünglich mit dem Advent verbunden sind, wollen genau darauf hindeuten – und die Lieder des Advents sind Lieder der Hoffnung und der Sehnsucht. Und wir dürfen diese Sehnsucht nach Leben nicht auf einige Wochen im Jahr begrenzen, die zudem noch oft genug geprägt sind von Umtrieb und Hektik. Adventlich leben – 365 Tage im Jahr.

Und doch brauchen wir gerade diese Zeit, diese Wochen des Advents. Immer wieder geht uns unsere Sehnsucht im Alltag verloren – und dann brauchen wir diese Zeichen, die Texte der Gottesdienste, das Licht der Kerzen, die Lieder des Advents, um uns zu erinnern – an das, was sein könnte. Wir brauchen den Advent, um adventlich leben zu lernen – um im Abenteuer Advent etwas für das Abenteuer Leben lernen zu können. Wir brauchen das konkrete Fest, wir brauchen die Wochen davor, um uns immer wieder neu in solche Lebenshaltungen und Einstellungen einzuüben.

Wir brauchen Lieder, die unserer Sehnsucht Ausdruck geben, wir brauchen das zunehmende Licht der Kerzen am Adventskranz, wir brauchen die vielen kleinen Weihnachtsgeheimnisse, wir brauchen das Rascheln von Geschenkpapier, wir brauchen die ruhige Stunde beim Schreiben der Weihnachtspost, um einen lieben Gedanken an einen Freund zu schicken, wir brauchen die Rorate-Gottesdienste bei Kerzenlicht, wir brauchen die tröstenden Worte des Propheten Jesaja, wir brauchen diese Wochen des Advents, um immer wieder neu die Sehnsucht zu lernen, die Verheißungen zu hören, den Blick auf den Stern zu richten. Das, was wir in diesen Tagen »üben«, soll uns dabei helfen, die restlichen elf Monate in einem solchen Sinne zu gestalten. Und genau das ist die Chance des Advents, die wir nicht ungenutzt vorbeigehen lassen sollten.

Und welcher Geschenke-Typ sind Sie?

Man könnte durchaus die Adventszeit hervorragend zu psychologischen Studien nutzen – wenn man denn die Zeit dazu hätte. Das Spannende daran ist, dass es Menschen gibt, die in dieser Zeit durchaus Zeit haben. Die gehören in der Regel dem Geschenke-Typ I an – und damit sind wir schon mittendrin in diesen psychologischen Studien.

Der Geschenke-Typ I, das sind diejenigen, die ab August schon an Weihnachten denken, fein säuberlich ihre Listen führen, wem man in diesem Jahr was schenken könnte, die Sonderangebote daraufhin überprüfen, ob vielleicht irgendwas Geeignetes dabei ist – und die in der Regel am 1. Advent alles schon wunderschön verpackt in irgendeinem Schrank liegen haben. Zugegeben, die haben im Advent dann zwar viel Zeit – aber immerhin auch um den Preis, dass sie seit Sommer schon an Weihnachten denken. Und ein bisschen erinnert mich das dann schon an die Nikoläuse und die Lebkuchen, die ab September die Regale in den Läden verzieren. Der Preis, sich auf diese Art und Weise die Adventszeit freizuschaufeln, ist hoch.

Dann gibt es diejenigen, die so im Augenblick leben, dass ihnen drei Tage vor Weihnachten einfällt, dass ja in drei Tagen Weihnachten ist. Und je nach Persönlichkeitsstruktur verfallen sie dann ins absolute Rotieren – oder verschieben nonchalant alle Weihnachtsgeschenke kurzerhand auf Ostern. Eher der Geschenke-Typ II … die, die den Advent im Advent gelassen haben – und vorher in aller Ruhe sich an Maria Himmelfahrt, dem Rosenkranzmonat und dem Goldenen Oktober erfreut haben, im November passend zur Jahreszeit ein wenig durchgehangen haben – und sich auf die erste Kerze am Adventskranz freuen. Sie zahlen einen anderen Preis: Dass es dann nämlich manchmal kurz vor Weihnachten eben doch ein bisschen eng wird mit all dem, was noch zu tun ist.

Wahrscheinlich muss da jeder seinen eigenen Weg finden, wie er diese beiden Typen in sich zu einer ganz persönlichen Mischung kombiniert, dass sie für ihn passt und stimmt.

Mir hat jedenfalls bei meiner Suche nach dem passenden Weg ein Blick in das »Herkunftswörterbuch« geholfen: Das Wort »schenken« kommt von »jemandem etwas zu trinken geben«, und wir finden es auch heute noch in den Wörtern »jemandem etwas einschenken«, »einen ausschenken« oder der »Schankwirtschaft«. »Schenken« heißt also eigentlich, jemandem »den Durst zu stillen«. Und das könnte nun wirklich einen ganz neuen Blickwinkel auf all diese Gedanken um Geschenke werfen, egal, ob im August oder drei Tage vor Weihnachten angestellt: Wonach oder worauf hat der andere *eigentlich* Durst? Ist es wirklich die 35. Krawatte oder das neueste Computerspiel – oder könnte es nicht doch eher die Einladung zu einem gemütlichen Abendessen im Advent sein, der persönlich geschriebene Brief, der Anruf? Es mag sein, dass die Frage, so herum gestellt, ganz neue Perspektiven daraufhin eröffnet, was man dem anderen denn »schenken« könnte, wie man seinen Durst stillen könnte … und dass das auf einmal sehr viel Kreativität freisetzt …

Und wie wäre es, wenn man den Menschen an Weihnachten das schenken würde, wonach sie eigentlich Sehnsucht haben – nämlich die Botschaft eines entgegenkommenden Gottes?

Vielleicht ein Flügelschlag ...

Gott bleibt nicht auf einem fernen Himmelsthron, er kommt im Kind in der Krippe mitten in unser Leben hinein. Er kommt uns entgegen und lässt sich von uns finden – wenn wir bereit sind, ihn zu suchen.

Wer etwas sucht, wirklich sucht, der braucht vor allem ein offenes Herz – oder, wie es beim Propheten Ezechiel heißt: »ein Herz aus Fleisch«. Ein Herz aus Fleisch ist berührbar – und damit auch verwundbar, ein Herz aus Fleisch spürt und fühlt und empfindet. Das Herz aus Stein dagegen ist nicht zu bewegen und nicht zu erschüttern. Und mag sein, dass sich gerade deshalb manche Menschen ein Herz aus Stein zulegen – um eben nicht erschüttert zu werden.

Aber: »Advent ist die Zeit der Erschütterung«, so sagt es Alfred Delp – Advent ist die Zeit der offenen Herzen. Advent ist die Einladung, mich und mein Herz zu öffnen, mich berührbar zu machen – um vielleicht etwas zu finden, was ich nicht suchte: ein Kind statt eines Königs, einen Stall statt eines Palastes, Ochs und Esel statt hoch zu Ross.

Wer diese Botschaft des Weihnachtsfestes, wer diesen Gott als Kind auf sich zukommen lässt, für den kann nichts mehr so bleiben, wie es einmal war. Der kann nicht am 27. Dezember zur Tagesordnung übergehen. Der sieht sein Leben mit anderen Augen an. Wer sein Herz geöffnet hat, der sieht mit dem Herzen und der hört mit dem Herzen. Und das ist der Weg zur Lebendigkeit.

Wer in dem Sinn mit dem Herzen sieht, für den mag Advent auch eine Zeit der Enttäuschung sein, die Zeit, in der uns Täuschungen oft schmerzhaft weggenommen werden, wir ent-täuscht werden. Mag sein, dass wir bisher zu sehr im Vordergrund gelebt haben – und den Hintergrund zu wenig beachtet haben. Mag sein, dass wir in die Versuchung geraten sind, zu sehr in die Breite zu leben, alles haben, alles sein zu wollen – und nun auf die Tiefe verwiesen werden. Es könnte sein, dass wir falsche Vorstellungen, falsche Bilder hatten – von uns, vom anderen, von Gott – und dass uns diese Bilder genommen werden, weil wir mit anderen Dimensionen unseres Lebens, unseres Glaubens konfrontiert werden – weil unser Herz gerade jetzt offen ist für diese anderen Wirklichkeiten.

Der große Gott – ein Kind; ein Kind – Gott. Ein Gott, der in meine Armseligkeit hineinkommt, ein Gott, der den Menschen entgegenkommt. Ein Gott, der mich liebt, ein Gott, der mich will – ein Gott, der mich fragt, so wie er Maria gefragt hat. Ein Gott, der auf mein »Ja« wartet. Ein Gott, der mein Leben auf den Kopf stellt. Nach diesem Fest kann eigentlich nichts mehr so sein, wie es mal war. Und genau das macht die Radikalität und die Existentialität dieses scheinbar so netten Festes aus.

Weihnachten – das ist die Zusage, dass wir aussteigen können und dürfen aus dem Karussell des immer besser, immer schneller, immer mehr – wir brauchen nicht länger zu machen, wir dürfen einfach sein. Wir müssen niemandem beweisen, dass wir toll und attraktiv sind – weil Gott uns so liebt, wie wir sind. Wir können die Dunkelheiten zulassen, weil da einer ist, der mit uns hindurchgeht – und brauchen nicht länger zu flüchten in den Vierfarbdruck der Hochglanzprospekte. Wir können und dürfen uns den Erwartungen anderer an uns entziehen, wenn sie uns festschreiben wollen, wenn wir so sein sollen, wie sie uns gerne hätten. Wir können und dürfen unseren Fragen und unserer Sehnsucht trauen. Wir können daran glauben, dass es da etwas gibt, was die banalen Alltäglichkeiten unseres Lebens überschreitet, etwas, was meinem Leben einen Sinn gibt.

Das Entscheidende ist längst geschehen – ein Gott, der die Menschen so sehr liebt, dass er zu uns kommt, dass er uns entgegenkommt. Er ist nur auf unsere offenen Herzen angewiesen.

Um uns in dieses »offene Herz«, in dieses »Herz aus Fleisch« einzuüben, dazu brauchen wir diese Wochen des Advents – damit wir nicht meinen, Weihnachten machen zu müssen, sondern damit wir Weihnachten in uns geschehen lassen können.

Dessen bedarf es eigentlich nicht viel: ein wenig Raum, ein wenig Zeit, in der die Sehnsucht wachsen darf, Stille, in der ich neu hören lernen kann, Lieder, von denen ich mich berühren lassen kann. Es braucht das Licht der Kerzen, das Grün der Tannen, den Barbarazweig, die Freude an den kleinen Heimlichkeiten, an dem unverhofft gefundenen Geschenk. Es braucht das Gespräch zwischen Freunden, einen Kartengruß, ein »Ich denk an dich«. Eigentlich hört sich das nicht viel anders an als das, was alle machen – und doch ist es anders. Es ist kein Machen und Tun, das uns unter Stress setzt, es ist eine andere Art zu sein. Es kommt aus einer Zusage Gottes heraus, auf die ich mit meinem Leben eine Antwort versuche. Es ist eine Haltung, eine Einstellung, in die ich mich in diesen Tagen neu einzuüben versuche.

Auf die Frage nach dem »Wozu?« mag es viele Antworten geben. Wenn eine Antwort heißt »Gott wird Mensch, damit wir Menschen endlich Mensch sein können« – dann wäre das allein Grund genug. Wenn die Antwort wäre: »Damit den Menschen Flügel wachsen« – dann wäre es gut.

Vielleicht sogar sehr gut.

Manchmal kann das Licht
sehr dunkel sein
und ist trotzdem licht

es ist 1. Advent
und ich habe
keine Kerze
angezündet

es ist 1. Advent
und es ist dunkel
um mich
herum

ich habe
eine sterbende Frau
im Arm gehabt
meine Mutter

und sie
sie hat mich
festgehalten
mit letzter Kraft

und es tut
unsagbar weh
dieser kleinen
tapferen Frau

beim Sterben zuzusehen
ihr nicht helfen zu können
nichts machen zu können außer
mit ihr das Dunkel auszuhalten

das ist meine Kerze
des 1. Advents
mit ihr ins Dunkel gehen
und vor ihrem Dunkel

nicht flüchten

Weihnachten – das ist die Überschreitung von Grenzen. Gott wird Mensch. Und seit dem Tag gibt es die Grenze zwischen Himmel und Erde nicht mehr. Ein Stück Himmel ist auf die Erde gekommen.

Aber es gilt auch andersherum. Dieses Stück Himmel hat mit uns Menschen gelebt – und als ER zurückkehrte, hat er den Himmel für uns aufgeschlossen. Seitdem ist diese Grenze geöffnet. Und seitdem wissen wir: Es endet nicht mit dem, was hier ist – sondern es geht weiter, ja, es fängt vielleicht sogar neu an. Der Tod ist nur scheinbar eine Grenze. Das Grab ist leer. Was sucht ihr den Lebenden bei den Toten?

Weihnachten – das ist genau diese Zusage. Die Grenzen sind offen, die Mauern sind gefallen, und die Übergänge sind nicht vermint. Der Himmel ist auf die Erde gekommen – und uns steht der Himmel offen.

Und der Tod ist nicht das Ende, sondern nur das Überschreiten dieser Grenze. Hinter einer Grenze hört das Land ja nicht auf – sondern es geht nur anders weiter. Mag sein, man spricht eine andere Sprache, man zahlt in einer anderen Währung – aber eine Grenze ist immer nur ein Übergang und nie ein Schlusspunkt.

Krippe und Kreuz – das sind Grenzübergänge. Gott wird Mensch – und kehrt in den Himmel zurück. Und seitdem steht der Himmel für uns offen – wenn wir wollen.

Meine Mutter ist am 4. Dezember 2006 gestorben, dem Tag der heiligen Barbara. An diesem Tag stellt man traditionell Zweige von Obstbäumen ins Wasser, damit sie an Weihnachten blühen. Und das ist eine Botschaft dieser Tage: Wenn wir die Grenze von unserer Seite her überschreiten, dann droht uns nicht der Tod, sondern dann blüht uns das Leben.

Weil Gott uns längst zuvorgekommen ist, uns die Grenze geöffnet hat, dich und mich zum Leben einlädt.

Haben Sie schon Ihre Barbara-Zweige?

Barbara-Zweige, das ist leider etwas, was ein bisschen in Vergessenheit geraten ist – mein Blumenhändler war jedenfalls vor einigen Jahren etwas überfordert, als ich am 4. Dezember Barbara-Zweige wollte. Und seitdem melde ich mich eine Woche vorher bei ihm und erinnere ihn daran …

Barbara-Zweige – das sind Zweige von frühblühenden Bäumen oder Sträuchern. Wenn man sie am »Barbara-Tag«, also dem 4. Dezember, schneidet und in warmes Wasser stellt, dann blühen sie mit großer Wahrscheinlichkeit an Weihnachten. Und das ist durchaus eine Botschaft, die etwas mit Weihnachten zu tun hat: Etwas, das absolut tot zu sein scheint, erwacht, erblüht zu neuem Leben, beginnt ganz klein – und zeigt doch die Macht des Lebens gegen allen Tod.

Das ist Weihnachten.

Hilde Domin schreibt in ihrem wohl kürzesten Gedicht: »Es knospt unter den Blättern. Die Menschen nennen das Herbst.« Ohne der großen Dichterin zu nahe treten zu wollen, könnte man vielleicht fortsetzen: »Es blüht mitten im Dunkel. Die Menschen nennen das Weihnachten.« In dem, was für uns tot zu sein scheint, ist das Leben verborgen, wartet nur darauf, endlich leben zu können. Und das gilt für Bäume, Sträucher und Zweige genauso wie für uns Menschen.

Manchmal braucht es nur ein wenig Aufmerksamkeit, ein wenig Zuwendung, ein wenig Zeit – ein wenig »warmes Wasser« – und Menschen, die tot zu sein schienen, »blühen« neu auf.

Aber: Leben und wachsen und blühen kann ich nicht erzwingen. Ich kann die Voraussetzungen dafür schaffen – aber ich kann es nicht *machen*. Leben ist immer Geschenk.

Und genau so ist es mit Weihnachten. Ich kann die Voraussetzungen dafür schaffen, aber ich kann nicht »machen«, dass Weihnachten in mir geschieht. Auch Weihnachten, das Blühen mitten in der Kälte, im Dunkel, ist und bleibt Geschenk.

Aber ich muss zumindest bereit sein, mich beschenken zu lassen.

Alles klar! Schlaf gut! Gute Nacht!
Das ist meine letzte Nacht.
Es war sehr schön mit Ihnen …
Hildegard Schwarz
4. Dezember 2006, 15.30 Uhr
† 4. Dezember 2006, 18.45 Uhr

Ostern
mitten im Advent

eine kleine tapfere Frau
hat ihre Entscheidung getroffen
einschlafen und nicht mehr aufwachen
und sie zieht es durch
sie stirbt wie sie gelebt hat
entschieden rücksichtsvoll
niemandem zur Last fallen
keinem Mühe machen

und der Herzschlag wird langsamer
der Puls verflacht
der Atem wird ruhiger
und – steht still

und da liegt ein Körper
krank und unheil
und da ist eine Seele
die den Raum erfüllt

und da ist Tod
und da ist Auferstehung
und da ist Leben
mitten im Tod

mitten im Advent
geschieht Auferstehung

und mitten im Advent
feiere ich Ostern

Weihnachten – das Fest der Grenzüberschreitung. Die Grenzen zwischen Tod und Leben, zwischen Himmel und Erde sind seitdem offen. Ein Stück Himmel kommt zur Erde – damit wir den Himmel in uns tragen. Advent – wir leben diesem Himmel entgegen. Vielleicht, indem wir Grenzen überschreiten? Indem wir einem anderen die Hand zur Versöhnung reichen … indem wir vergeben … indem wir einen Schritt auf den anderen hin machen… indem wir uns selbst zurücknehmen … indem wir über unseren eigenen Schatten springen… indem wir über Grenzen gehen… Weil Gott über Grenzen geht …

Ich traue mich dir an auf ewig;
ich traue mich dir an
um den Brautpreis von Gerechtigkeit und Recht,
von Liebe und Erbarmen.
Hosea 2,21

und gott spricht

ich gott
traue mich
dir mensch an

ich gebe mich
in deine hand
ich gebe mich dir

mit dir schließe ich
meinen bund
auf ewig

sogar der tod
wird neue hochzeit
sein

Das ist Weihnachten.
Vergessen Sie Ihre geputzten Fenster, legen Sie Ihre Geschenkeliste an die Seite. Vielleicht sind auch Raclette-Käse und Lachs nicht so sehr wichtig. Wenn Gott Mensch wird, sich in einer Krippe wiederfindet, dann wird anderes wichtig. Wenn Gott über Grenzen geht und meine Grenzen damit aufhebt – dann gibt es anderes zu tun.
Und was werden Sie tun?

Ein jeder, der auf den Bergen Wasser sammelt, zu sich hinleitet oder aus den Quellen schöpft, der ist selbst wie eine Wolke, die herabtaut. Fülle also die Tiefe deines Herzens, damit dein Erdreich feucht wird, getränkt von den Quellen deines eigenen Inneren. Wer reich ist, der beschenkt wieder andere; deswegen sagt die Schrift: »Wenn die Wolken sich mit Regen füllen, schütten sie ihn über das Land wieder aus.«
Ambrosius, Bischof und Kirchenlehrer, gest. 397

Wie will ich etwas schenken, wenn ich selbst nichts habe? Wie will ich etwas weitergeben, wenn ich ausgetrocknet bin? Der »Grundwasserspiegel« in mir muss stimmen. Mein Boden muss mit Wasser gesättigt sein, bevor ich davon abgeben kann. Es geht nicht darum, meinen Mangel zu vergrößern, indem ich etwas gebe, was ich selbst gar nicht habe – sondern es geht darum, von meinem Überfluss abzugeben:

Wenn der gute Wille da ist, ist jeder willkommen mit dem, was er hat, und man fragt nicht nach dem, was er nicht hat. Denn es geht nicht darum, dass ihr in Not geratet, indem ihr anderen helft, es geht um einen Ausgleich. Im Augenblick soll euer Überfluss ihrem Mangel abhelfen, damit auch ihr Überfluss einmal eurem Mangel abhilft.
2 Korinther 8,12 ff

Mich machen diese Zitate nachdenklich – wie oft bin ich gerade auch in diesen Tagen in der Gefahr etwas herzugeben, was ich eigentlich gar nicht habe: Ich habe nicht die Zeit, jedem einen persönlichen Weihnachtsgruß zu schicken – so gerne ich es auch täte.

Und das Geschenk, das mir so ins Auge sticht, übersteigt eindeutig meine finanziellen Möglichkeiten. Ich glaube, erst wenn wir uns von dem Anspruch frei machen, etwas geben zu wollen, was wir eigentlich gar nicht haben, kann Frieden in unsere Seele einkehren. Und erst dann werden wir andere wiederum an diesem Frieden teilhaben lassen können.

Vielleicht könnten diese Adventstage die Chance sein, in mir das »Wasser des Lebens« zu sammeln, mich beschenken zu lassen, mir meinen Durst einzugestehen. Vielleicht könnten diese Tage die Chance sein, mich nicht schon wieder unter den Druck irgendwelcher Erwartungen zu stellen – seien es eigene oder fremde. Vielleicht könnten diese Tage die Chance sein, Gott für mich selbst um genau das zu bitten, von dem so viele Adventslieder erzählen: »Tau aus Himmelshöh'n, Heil, um das wir flehn« … wir dürfen auch für uns bitten – und müssen nicht schon wieder an andere weitergeben …

Eigentlich
ist es
ganz anders

Gott will nichts
von uns
was wir
nicht können
nicht haben
nicht sind
er will
dass wir das
was er uns
gegeben hat
im Überfluss gegeben hat
weitergeben

dass wir
von dem
abgeben
was wir können
was wir haben
was wir sind

eigentlich
ist das
ja wohl
nicht
zuviel
verlangt

ein paar Minuten Zuhören
eine Lampe anschließen
einen Brief schreiben
einen Gruß mitgeben
jemanden in den Arm nehmen
keine Antwort auf eine SMS erwarten

weil Gott uns
an seinem Überfluss teilhaben lässt:
Liebe

Gold, Weihrauch – und Karotten

Die folgende Geschichte hat sich bei uns in Viernheim tatsächlich ereignet: In einer fünften Klasse des Gymnasiums fragte der Religionslehrer in der letzten Stunde vor Weihnachten: »Und, wisst ihr auch, welche Gaben die Heiligen Drei Könige mitgebracht haben?« – »Gold!«, klar, das haben sich die Kinder behalten. Der Lehrer nickt bestätigend. »Und was noch?«, fragt er weiter. Zaghaft hebt sich ein Finger: »Weihrauch!«. »Sehr gut!«, bestätigt der Lehrer – wahrscheinlich kam die Antwort von einem Ministranten. Und der Lehrer fasst nochmals nach: »Und was noch?« – »Karotten!«, sagt ein Schüler schließlich zögernd. Der Lehrer ist zugegeben ein wenig irritiert – und sein Gesicht scheint das auch auszudrücken. Da meldet sich ein anderer Schüler, um zu helfen, und sagt: »Bei denen zu Hause sagen sie zu Möhren immer ›Karotten‹!«

Die Myrrhe, das dritte Geschenk der Heiligen Drei Könige, hatte keinen Platz mehr im Denken und Wissen der Kinder und Jugendlichen – damit konnten sie nichts anfangen. Und so wurde es kurzerhand zu dem umfunktioniert, was sie aus ihrem Alltag kennen. Und wer Myrrhe sagte, meint bestimmt Möhren, vor allem, wenn er vielleicht Dialekt spricht oder Deutsch nicht als Muttersprache hat – und in manchen Regionen Deutschlands sagt man zu Möhren halt nun wirklich Karotten.

Das Kind stellte sich also irgendwie vor, dass einer der Heiligen Drei Könige dem Jesuskind Karotten mitgebracht hatte.

Warum sollten die Heiligen Drei Könige eigentlich keine Karotten mitgebracht haben? Zugegeben – uns scheinen Karotten nicht so besonders reizvoll als Geschenk – wir können sie hier im Supermarkt im Überfluss kaufen. Und eigentlich will man ja schon irgendwas Spezielles und ganz Persönliches schenken – und ich frage Sie jetzt auch nicht, wie viel Zeit und wie viel Ideen Sie das in der Adventszeit kostet. Ich bin mir jedenfalls ganz sicher – mit einem Bund Karotten würde sich niemand von Ihnen unter den Weihnachtsbaum trauen.

Die Heiligen Drei Könige haben das mitgebracht, was sie hatten – und es waren reiche Leute: Sie hatten Gold, Weihrauch und Myrrhe. All das können wir nicht bieten. Aber das ist ja noch kein Grund, mit leeren Händen vor der Krippe zu stehen.

Was werden Sie denn in diesem Jahr dem Christkind als Geschenk an der Krippe vorbeibringen? Was werden Sie ihm schenken? Wollen Sie ihm überhaupt etwas schenken? Oder sind Sie so damit beschäftigt, all Ihren Lieben das passende Geschenk zu besorgen, dass Sie das Kind in der Krippe ganz vergessen haben? Oder anders gefragt: Was ist denn das, was Sie im Überfluss haben – und haben Sie es hergegeben?

Haben Sie es Gott gegeben?

Ja, es können Karotten sein. Vielleicht hatten Sie eine gute Ernte. Möglicherweise scheinen Ihnen diese Karotten gar nicht wichtig zu sein. Aber irgendjemand braucht eventuell genau das, was Ihnen so unwichtig erscheint. Und er wartet darauf, dass Sie es ihm geben.

Das ist Weihnachten. Nicht mehr und nicht weniger.

Gott gibt das, was er im Überfluss hat – Liebe. Er liebt uns so sehr, dass er sich klein macht, um alle unsere Menschenwege mitgehen zu können.

Wir brauchen Gott nicht das zu geben, was wir nicht haben, nicht können, nicht sind. Wir sollen unseren Mangel nicht vergrößern – sondern von unserem Überfluss abgeben.

Manche haben Zeit übrig, andere können gut Holzsterne basteln, wieder andere können hervorragend kochen, manche können intensiv zuhören. Ja, dann bringen Sie das dem Kind in der Krippe.

Manche sind sehr traurig, haben Angst, sind einsam. Ja, dann bringen Sie das dem Kind in der Krippe. Das Kind nimmt nicht nur die hellen und schönen Geschenke an, sondern auch die dunklen und schweren.

Wenn wir kein Gold, keinen Weihrauch und keine Myrrhe anzubieten haben, dann lasst uns dem Kind das geben, was wir haben. Von mir aus auch Karotten.

Das Kind wird schon wissen, was es damit anfangen kann.

Wir können gewiss sein – das Kind, dem wir all das geben, was wir haben, können und sind, kann und wird es annehmen – und es verwandeln.

Wir können ihm all das Schöne bringen, für das wir dankbar sind – wir können ihm all das bringen, unter dem wir leiden – und wir können ihm all das bringen, was wir im Überfluss haben. Das Kind will gar nicht, dass wir ihm das geben, was wir sowieso nicht haben. Und dann brauchen wir das auch gar nicht erst zu probieren …

Das ist Weihnachten – mich mit meinem Geschenk vor Gott bringen.

Aber – und das ist das Entscheidende: Ich muss mich dazu entschließen, es Gott zu geben, heute, hier und jetzt.

Leg ab, Jerusalem, das Kleid
deiner Trauer und deines Elends,
und bekleide dich
mit dem Schmuck der Herrlichkeit,
die Gott dir für immer verleiht.
Steh auf, Jerusalem, und steig auf die Höhe!
Baruch 5,1.5a

Die Botschaft der Weihnachtsplätzchen

Wenn man Menschen fragen würde, was denn für sie zu den wichtigsten Dingen in der Adventszeit gehört, dann hätten die Weihnachtsplätzchen sicher eine gute Chance, auf einem der vorderen Plätze zu landen. Irgendwie sind sie wichtig – kaum ein Haushalt, in dem in diesen Tagen nicht gebacken wird, und für diejenigen, die nicht selbst backen, halten die Bäckereien ein großzügiges Angebot bereit, die Zeitschriften sind voll mit neuen Plätzchenrezepten, und wenn man irgendwo einen Besuch macht, dann kann man fast sicher sein, dass man unbedingt die Weihnachtsplätzchen probieren muss und vielleicht sogar, ob man nun will oder nicht, gleich eine Tüte mitbekommt. Irgendwie ist das schon seltsam mit den Weihnachtsplätzchen – sie heißen Weihnachtsplätzchen, haben aber ihre Hochsaison eindeutig im Advent – und sind irgendwie wichtig. Und es mag schon stimmen – denn was wäre denn nun der Advent wirklich ohne Weihnachtsplätzchen?

Aber wie so viele Dinge und Zeichen in diesen Tagen,

die Barbarazweige, der Adventskranz und der Adventskalender, die liebevoll ausgesuchten Geschenke, die Zeit für einen lange nicht geschriebenen Brief, haben auch die Weihnachtsplätzchen, neben der Tatsache, dass man sie backen, verschenken und selber essen kann, noch eine besondere Botschaft für uns bereit. Und diese Botschaft der Weihnachtsplätzchen hat durchaus sehr viel mit unserem Leben zu tun.

Die Ausgangsfrage für diese Überlegungen lautet: Was macht ein Weihnachtsplätzchen eigentlich zu einem Weihnachtsplätzchen – und eine eher theoretische Antwort darauf würde lauten: seine Gebundenheit an Zeit und Raum.

Weihnachtsplätzchen haben jetzt, in diesen Tagen, ihre Zeit. Ein Zimtstern im April ist eher ein trauriger Zimtstern, ein Vanillekipferl im Sommer ist eindeutig zur Entsorgung bestimmt – und im September, wenn in den Geschäften die ersten Lebkuchen angeboten werden, will auch noch nicht so die rechte Freude daran aufkommen. Die Weihnachtsplätzchen gehören in eine gewisse Zeit.

Und das ist eine erste Botschaft der Weihnachtsplätzchen: das zu tun, was eben jetzt zu tun ist – sich innerlich in diesen adventlichen Tagen auf Weihnachten vorzubereiten, das Fest der Geburt Christi – und Weihnachten in uns wachsen zu lassen. Diese Tage tragen eine besondere Chance in sich, eine Chance, die es eben jetzt zu nutzen gilt – und die ich nicht auf April, Juli oder September verschieben kann und darf. Jetzt ist Advent – und jetzt gilt es, die adventliche Botschaft zu leben.

Eine zweite Spur, die die Weihnachtsplätzchen für uns legen könnten, ist die Gebundenheit an den Raum. Oder anders gesagt: Ein Weihnachtsplätzchen wird dadurch zum Weihnachtsplätzchen, dass es eine Gestalt hat, eine Kontur, und damit Grenzen. In dem Klumpen Teig sind Dutzende von Plätzchen enthalten – aber sie sind für uns nicht als Plätzchen erkennbar, weil sie nicht geformt sind. Etwas wird identifizierbar, begreifbar dadurch, dass es eine Gestalt annimmt, eine Form hat. In dem Moment, wo ich ein Förmchen, etwas, das formt, in die Teigplatte hineindrücke, entsteht ein Engel, ein Stern, ein Tannenbaum. Dadurch dass ich Grenzen ziehe, ein Innen und ein Außen schaffe, wird etwas. Das, was keine Grenzen hat, zerfließt, ist ein Nichts, ist nicht erkennbar. Form, Gestalt und Grenze schaffen überhaupt erst Identität. Der Unterschied zwischen einem Teigkloß und einem Brot liegt eben in der Gestalt.

Und der Gedanke gilt auch für uns Menschen – ich gewinne Identität dadurch, dass ich mich begrenze, meine Grenzen annehme, Kontur bekomme durch Gestalt. Meine Grenzen geben mir eine Form – und damit unterscheide ich mich von anderen, werde zu einem einmaligen Individuum. In einer »Masse Mensch« werde ich dann unterscheidbar, wenn ich meine mir eigene Gestalt habe und annehme.

In dem Wort »unterscheiden« steckt das Wort »scheiden«, das alte Wort für »trennen«. In dem Moment, wo ich mich unterscheide, trenne ich mich zugleich. Wenn mir erst meine Grenzen Kontur und Gestalt geben, dann muss ich Abschied nehmen von der Illusion, vielleicht doch grenzenlos, allmächtig, allwissend zu sein.

Sie ist eine Illusion, diese Grenzenlosigkeit – ohne Grenze wäre ich gar nicht ich, würde ich zerfließen. Erst die Grenze macht mich zu der, die ich bin. Erst die Grenze macht mich begreifbar – so wie meine Haut, mein Leib, der mir Form und Gestalt gibt, mich begrenzt, überhaupt erst die Berührung ermöglicht. Und auch Reinhard Mey irrt, wenn er von der grenzenlosen Freiheit über den Wolken singt. Eine Freiheit, die keine Grenzen kennt, ist keine Freiheit, weil Grenzenlosigkeit zugleich immer Ichlosigkeit bedeutet. Ohne Grenzen bin ich nicht, kann ich gar nicht sein, weil ich dann ins Nichts zerfließen würde, so wie ein Eimer Wasser, auf den Boden gekippt, einfach versickern würde. Und das heißt auch: Ich kann und brauche nicht allen Erwartungen an mich gerecht zu werden, sondern darf mich auch bewusst abgrenzen, um mich nicht zu verlieren.

Erst die Grenze schafft Ich und Nicht-Ich, gibt mir Identität, weil es das Andere, das Nicht-Ich, gibt. Oder, wie es Martin Buber sagt: Der Mensch wird am Du zum Ich. Und es gilt auch andersherum: Mein Ich, meine Grenzziehungen, helfen dem anderen, zum Du zu werden.

Ich darf »ja« zu mir sagen, weil Gott sein großes »Ja« zu mir gesagt hat. Ich darf zu meinen Grenzen stehen, darf meine Grenzen haben – weil ich in Gott das grenzenlose Gegenüber habe. Seine Grenzenlosigkeit umfängt das Begrenzte und hebt es zugleich in sich auf. Weil es Gott in meinem Leben gibt, darf und kann ich Mensch sein, mit allen Ecken und Kanten, mit allen Stärken und Schwächen, mit allen Höhen und Tiefen – und mit all meinen Grenzen.

Ich darf zu mir und meinen Grenzen stehen, weil Gott zu mir steht – und ich brauche dabei nicht in Allmachtsgedanken zu zerfließen, ich brauche mich nicht größer zu machen als ich bin, aber ich brauche mich auch nicht kleiner zu machen. Mein Raum ist begrenzt und nicht unendlich – aber den Raum darf ich mir nehmen. Und ich darf zu mir und meiner Einzigartigkeit stehen.

Das, was als Botschaft in einem befreienden Sinn gemeint ist, kann manchem aber auch Angst machen – und so verzichtet man auf seine ganz persönliche Freiheit und taucht lieber in der namenlosen Masse unter, um bloß nicht aufzufallen, bloß nicht anzuecken, um bloß keinen Ärger zu bekommen.

Es ist ein Phänomen, das auch heute weit verbreitet ist – es gibt Menschen, die bereit sind, ihre Einzigartigkeit, ihre Originalität, ihre Identität und damit ihr Rückgrat sozusagen an der Garderobe abzugeben, um Eintritt in eine scheinbar wichtige Gesellschaft zu bekommen. Man passt sich an, will um keinen Preis anders sein als die anderen, will nicht auffallen, bemüht sich, nicht anzuecken, um ja keinen Ärger zu bekommen, um nicht ausgeschlossen zu werden aus bestimmten Kreisen. Man gibt die eigene Identität auf und geht sozusagen in der Masse unter. Man gleicht sich an und unterscheidet sich damit nicht mehr, man gibt die eigene Form und Gestalt auf und verliert damit die Kontur. Oder, wie es jemand einmal gesagt hat: Der Mensch wird als Original geboren und stirbt als Kopie. Man unterwirft sich dem Diktat der Mode, den Verführungen der Werbung, macht das, was »in« ist, lässt sich bestimmen von dem, was man halt tut – sei es nun bei der Frage, welche Urlaubsorte gerade aktuell und angesagt sind, welche Jeansmarke man derzeit trägt und welche politische Überzeugung – und das fängt schon bei den Kindern an. Man wird so, wie alle sind –

und verliert dabei sich selbst. Man will es allen recht machen – und zerfließt dabei ins Nichts.

Die christliche Botschaft ist eine andere: Steh auf, Jerusalem – Gott will deinen Glanz, Gott gibt dir für immer einen Namen, Gott meint dich in deiner Einzigartigkeit – und steig auf die Höhe, stell dich und zeig dich in deiner Einmaligkeit und Schönheit! Tritt auf! Steh hin! Steh ein für Gott – so wie Johannes, der herbe und einzigartige Rufer in der Wüste aufgetreten und hingestanden ist! Steh zu dir und deinen Grenzen und lass dich von Gottes Grenzenlosigkeit umfangen! Sei du selbst in deiner Einzigartigkeit! Bleib aufrecht und stell dich auf deine Füße, Menschensohn und Menschentochter! Gib das Rückgrat nicht her, das Gott dir geschenkt hat!

Und was haben Sie für einen Weihnachtsbaum?

Ehrlich gesagt, wenn Sie drei Tage vor dem Fest noch keinen Weihnachtsbaum haben, dann haben Sie ziemlich schlechte Karten. Nicht, dass die Händler keine Tannen oder Fichten mehr hätten, aber die Prachtexemplare sind garantiert schon lange ausverkauft. Das, was jetzt noch auf den Christbaummärkten zu finden ist, das sind die Bäume, die keiner wollte: Ein bisschen krumm gewachsen, an einer Stelle fehlt eindeutig ein Ast, und die Nadeln könnten auch etwas dichter sein. Und ob er wirklich noch so ganz frisch ist?

Vor einigen Jahren verbrachte ich mit einer Gruppe ein Adventswochenende. Und dabei wurde uns der

Gedanke wichtig, dass Gott sich in einem Kind klein macht, um zu uns Menschen zu kommen, so wie wir sind, mit all unseren Fehlern, all unseren Unzulänglichkeiten, mit all dem, was an uns schief und krumm ist. Und gerade das ist ja das Befreiende unseres Glaubens – dass wir eben nicht perfekt sein müssen, damit unser Gott zu uns kommt.

»Ja«, sagte da plötzlich eine Teilnehmerin nachdenklich, »Gott kommt zu uns in unsere Unvollkommenheit – und was machen wir? Wir suchen den perfekten Weihnachtsbaum!« Wir anderen schwiegen einen Moment völlig verblüfft ob dieser kühnen Gedankenverbindung – aber da sprach sie auch schon weiter: »Und was ist mit den Bäumen, die ein bisschen schief sind oder ein wenig ungleichmäßig? Oder denen ein Ast fehlt? Oder ...? Dürfen die denn nie Weihnachtsbaum sein?«

Kurz und gut – wir erklärten uns kurzerhand solidarisch mit all den Weihnachtsbäumen, die niemand wollte und vereinbarten, in dem Jahr einen Baum »mit Macke« zu kaufen.

Entschlossen ging ich einige Tage später zu einem Christbaummarkt. Der Händler kam schon auf mich zu und fragte eifrig: »Was für einen Baum hätten Sie denn gerne?« Ich überlegte nicht lange und sagte: »Einen Baum mit Macke!« – »Wie bitte?«, fragte der Händler ungläubig zurück. »Na ja, einen Baum mit irgendeinem Fehler halt!« Er machte vorsichtshalber einen Schritt zurück – man konnte ja nie wissen. Ich sah mich jetzt doch etwas im Erklärungsnotstand, erzählte von unserem Kurs und der Idee – mit dem Ergebnis, dass der Händler noch einen Schritt zurücktrat, mich nachsichtig anschaute und sagte:

»Wissen Sie, da vorne gibt es noch einen Christbaummarkt, vielleicht fahren Sie da mal hin – die haben eine größere Auswahl!«

Etwas belämmert zog ich ohne Baum ab, aber man ist ja lernfähig. Beim nächsten Händler ging ich vorsichtiger vor. Als er mich nach meinen Wünschen fragte, sagte ich, vollkommen den Regeln gemäß: »Eine Nordmanntanne!«. Er zeigte mir mehrere Bäume, und als er beim vierten schließlich sagte: »Aber dem fehlt ein Ast, den können Sie nur in eine Ecke stellen!«, stand meine Entscheidung fest: Das war mein Baum! Und mit dem zog ich auch ganz zufrieden nach Hause.

Seit der Zeit habe ich sehr bewusst jedes Jahr einen Weihnachtsbaum »mit Macke«. Mal ist er ein bisschen krumm, mal fehlt ein Ast – oder er hat sogar zwei Spitzen. Ich finde gerade das apart – und es macht mir diesen Baum jeweils sehr sympathisch. Einen perfekten Baum kann schließlich jeder haben, der sich früh genug auf den Weg macht – aber diese perfekten Bäume finde ich inzwischen genauso langweilig wie perfekte Menschen.

Und manchmal, am ersten Feiertag zum Beispiel, abends nach der Weihnachtsvesper, da mag es sein, dass ich in meinem Wohnzimmer bei einem Glas Rotwein sitze, mir meinen »unperfekten« Weihnachtsbaum anschaue und denke: Ja, gerade Weihnachten ist die Botschaft, dass wir nicht perfekt sein müssen. Gott kommt uns mitten in unsere Unvollkommenheit entgegen, ja kommt sogar in einem Stall zur Welt, wird Kind – damit wir nicht dem Wahn der Perfektion erliegen. Denn er liebt uns so, wie wir sind. Oder manchmal vielleicht sogar gerade deswegen?

»Die Maria ist noch nicht da!«

Es war am 4. Adventssonntag. Ich stand vor der Sakristei in St. Hildegard und wartete auf unseren Pfarrer, der noch beim Gottesdienst in St. Michael war. Um mich herum wuselte es vor lauter Leben – die Kindertagesstätte würde den Gottesdienst mit einem Krippenspiel und einem Tanz mitgestalten, und dementsprechend viele Kinder waren mit ihren Eltern da, drei neue Ministranten sollten aufgenommen werden, die Gemeindereferentin und der Organist wollten letzte Absprachen mit dem Pfarrer treffen. Also, kurz und gut – es war so, wie es eben immer fünf Minuten vor einem Gottesdienst zugeht, der ein bisschen anders ist als die anderen Gottesdienste – und der Pfarrer hängt noch in der anderen Gemeinde fest.

Plötzlich hörte ich die erschrockene Stimme von Tanja, einer Erzieherin: »Wir können noch nicht anfangen – die Maria ist noch nicht da!« – und meinte damit die kleine Svenja, die in diesem Jahr die Rolle der Maria übernommen hatte.

Na ja – ich konnte sie immerhin dahingehend beruhigen, dass der Pfarrer schließlich auch noch nicht da sei – und dass wir vorher anfangen würden, wäre doch recht unwahrscheinlich. Und es löste sich ja alles auch irgendwie auf, die »Maria« kam schließlich doch noch und wurde rasch angezogen – und der Pfarrer brauste mit seinem Sportwagen und wehendem Messgewand, das er praktischerweise gleich anbehalten hatte, zwei Minuten später vor die Tür.

»Wir können noch nicht anfangen – die Maria ist

noch nicht da!« – der Satz von Tanja aber war bei mir irgendwie im Kopf hängen geblieben. Und sie hatte eigentlich vollkommen Recht. Ohne die Maria können wir nicht anfangen. Und das gilt nicht nur für das Krippenspiel in St. Hildegard, sondern auch für die Geschichte des Gottessohnes mit uns. Ohne Maria hätte es gar nicht erst anfangen können. Und wenn die Maria nicht da ist, kann es nicht anfangen.

Angenommen – Maria wäre damals nicht da gewesen, als der Erzengel Gabriel kam, um ihr die überraschende Botschaft zu verkünden. Sie hätte ja auch einkaufen sein können, Kaffeetrinken bei einer Freundin oder beim Treffen einer Arbeitsgruppe.

Alles fing damals damit an, dass Maria da war. Es kann nur anfangen, wenn Maria da ist – es kann nur anfangen, wenn ich da bin.

Da sein – das ist die Vorbedingung, damit Weihnachten werden kann, damit der Himmel hier auf Erden Hand und Fuß bekommen kann, damit Gott die Grenze zwischen Himmel und Erde überschreiten und sie für uns öffnen kann. Damit Weihnachten in mir wird, und Gott in mir zur Welt kommt. Da sein …

Da sein – das hört sich so leicht und einfach an. Und doch – wie oft ertappe ich mich dabei, dass ich das Radio anstelle, um die Staumeldungen zu hören, bevor ich auf die Autobahn fahre – und dann schweifen die Gedanken irgendwie ab – und ich habe doch schon wieder »meine« Autobahn verpasst. Oder ich lege eine CD auf, mach es mir auf dem Sofa gemütlich und will diese CD jetzt endlich einmal ganz bewusst hören – und dann ist plötzlich die CD zu Ende, und ich bin schon längst wieder in der

Küche, weil mir vorhin plötzlich etwas eingefallen ist, was ich immer schon erledigen wollte.

Können wir das überhaupt noch – da sein? Jetzt, in diesem Moment leben? Mit Haut und Haaren, mit allen Sinnen? Ohne dass die Gedanken abschweifen zu dem, was noch zu tun ist – oder dem, was mir noch nachgeht? Kann ich das noch, mich einfach diesem Augenblick des Lebens stellen? Dem, was jetzt ansteht, dem, was jetzt wichtig ist? Dem, was wirklich wichtig ist?

Es gibt genug, ja, es gibt eigentlich viel zu viel, was uns davon ablenken will – und uns oft genug auch davon ablenkt. Da gibt es die fröhliche Frühstücksmargarine, den Joghurt mit den rechtsdrehenden Kulturen – oder waren es doch die linksdrehenden? –, die neueste Diät, den nächsten Urlaub, das neue Auto, die Planung der Geburtstagsfete, ach – und die Bilder der letzten Reise müssten auch noch eingeklebt werden.

Einfach da sein – das hört sich so leicht an – und ist doch so unsagbar schwer. Aber – wenn ich nicht da bin, kann auch nichts neu anfangen. Nicht in mir – und nicht um mich herum …

Da sein … das ist auch in einer anderen Hinsicht nicht unbedingt einfach. Es sind ja nicht nur nette und schöne Stunden, in denen mein Da-Sein angefragt ist – sondern es gibt ja die Stunden des Dunkel und des Todes, die Stunden, in denen ich das mit dem Leben nicht so unbedingt toll finde, Stunden, in denen ich eigentlich gar nicht da sein mag – sondern viel lieber flüchten würde.

Da-Sein, das geht nur ganz oder gar nicht. Ich kann mir nicht die netten Stunden fürs Da-Sein heraussuchen und die schlechten und unangenehmen an die Seite legen, so nach dem Motto: Wenn's schön ist, bin ich da – und wenn es unangenehm wird, bin ich weg. Das geht nicht. Und es wäre, glaube ich, auch nicht gut. Wenn ich die Tiefen meines Lebens nicht erleben und durchleben kann, werde ich auch die Höhen nicht erleben und durchleben können. Wenn ich mir nur die hellen Stunden heraussuche, bin ich schon nicht mehr da. Dann habe ich mich verabschiedet in ein Leben, das nur dann ein Leben ist, wenn es meinen Bedingungen entspricht.

Das, was Maria passiert ist, hat mit Sicherheit nicht ihren Vorstellungen ihres Lebens entsprochen – und sie war trotzdem da und hat trotzdem »ja« gesagt.

Da-Sein – mag sein, das ist der Schlüssel für ein Leben, in dem es immer wieder neu anfangen kann. Weil nichts so bleiben muss, wie es war. Weil alles anders sein kann, als es ist.

Weihnachten heißt neu anfangen – weil Gott mit uns neu anfängt. Zu tun brauche ich dafür eigentlich gar nicht viel – ich muss nur da sein.

Danach verließ sie der Engel (Lukas 1,38b)

Eigentlich komisch – der Engel verlässt Maria wieder. Jetzt fangen doch die Schwierigkeiten erst an – wird sich das denn als wahr erweisen, was der Engel gesagt hat? Und wie das Josef erklären? Und den Nachbarn, die ja auch zählen und rechnen können …

Doch der Engel geht weg, er verlässt Maria.

Von allen guten Geistern verlassen?

Eigentlich kenne ich das gut. Ein guter, intensiver Abend mit einem Freund – und am Morgen steht beim Frühstück schon seine Reisetasche. Am Himmel die klare Sichel des Neumondes – und ich spür mich unendlich ergriffen, in die Schöpfung gestellt – und mache den Briefkasten auf, schließe die Wohnungstür auf und … – vorbei. Auf der Fahrt zu einem schwierigen Gespräch und plötzlich steht ein Regenbogen am Himmel und verschwindet vor meinen Augen. Ein Ahnen, von Gott berührt, ergriffen zu sein, durch eine Umarmung des Freundes, einen liebevollen Brief, einen Anruf, das Streicheln im Fell des Hundes – und vorbei.

Berührt werden von Gott ist kein Zustand, der bleibt, sondern Vorübergehen. So wie der Engel geht, geht auch der Gipfelmoment vorbei. Man kann auf dem Gipfel nicht bleiben, sondern muss den Abstieg ins Tal wieder mit einkalkulieren. Der Augenblick lässt sich nicht festhalten. Ich kann ihn nur im Herzen bewahren.

Aber vielleicht ist das ja heutzutage schon viel? In der Kurzlebigkeit unserer Zeit treu bleiben, mich erinnern, den Alltag gestalten aus dem Wissen um solche Gipfelmomente heraus?

Der Engel geht wieder – aber er war da.

Und das verändert mich und meinen Alltag. Vom Engel berührt, sehe ich mich anders, in mir ist etwas angerührt worden, neu ins Schwingen gekommen, neu in Bewegung geraten. Die Berührung bewegt.

Was mich berührt, kann ich nicht festhalten – hielte ich es fest, verhinderte ich die Bewegung, die sich aus der Berührung ergibt.

Und der Engel verließ sie wieder.

Wir neigen dazu, darum zu trauern, dass etwas Schönes vergeht, vergänglich ist, uns wieder verlässt – und vor lauter Trauer die Bewegung nicht mitzubekommen, die dieses Schöne in uns auslöst. Wir versuchen, uns im Schönen, Guten einzurichten und sesshaft zu werden. Das kann nicht gut gehen – Frustration, Resignation ziehen dann ins Leben ein. So machen wir uns selbst das Leben schwer, wenn wir den Engel nicht loslassen. Dankbar sein, wenn er da war – aber ihn auch wieder lassen, wenn er gehen will. Und dies als Chance nutzen, jetzt meinen Teil zu tun.

Ein Engel namens Chantal

In einer Predigt im Advent erzählte unser Pfarrer von der Begegnung mit einer 94-jährigen Frau bei der Krankenkommunion. Beim Verabschieden fragte sie ihn: »Glauben Sie an Schutzengel?« Na ja – was will man als Pfarrer da antworten? Irgendwie ja schon… »Und wissen Sie, was ein Schutzengel ist?«, fragte die Frau weiter. Der Pfarrer sah sie fragend an. »Wissen Sie«, sagte die Frau, »der Schutzengel ist nicht außen irgendwo, der ist in uns drin – damit wir Engel für andere sein können – und andere wiederum Engel für uns!« Es gibt manchmal Stellen im Gottesdienst, da bekomme ich Gänsehaut – das war so eine.

Am Sonntag war dann das Krippenspiel der Kindertagesstätte in St. Michael. Die Geburt Jesu wurde erzählt aus der Sicht von Tieren, mit mitreißenden Liedern, und die Kinder hatten teilweise viel Text gelernt. Es war wunderschön – aber am meisten berührte es mich, als eine Erzieherin einen großen Kinderwagen hereinschob, in dem Chantal lag. Chantal ist eines der Integrationskinder in der Kindertagesstätte und mehrfach behindert. Sie hatte die Rolle des Engels übernommen, hatte ein weißes Gewand an und große dicke Engelsflügel ragten links und rechts am Kinderwagen hervor. Ein Engel mit Handicaps …

Eine 94-jährige Frau und ein fünfjähriges behindertes Mädchen haben mir in diesem Jahr die Weihnachtsbotschaft gebracht. Die Engel, die die Geburt Jesu verkünden, sind nicht strahlend und groß und prächtig, sondern die sind unscheinbar, mit leicht zerzausten Engelsflügeln und alles andere als perfekt. Engel mit Handicaps halt – so wie wir alle. Keiner von uns ist vollkommen, jeder hat seine Behinderungen, die einen eher verborgen, die anderen offensichtlicher. Und doch – es ist unser Job, trotz all dem Engel für andere zu sein.

Oder sollte man es vielleicht doch andersherum sagen? Das Geschenk Gottes an uns ist, dass er uns trotz allen Handicaps zutraut, solch ein Engel für andere zu sein.

Advent – alles ist unterwegs

Geschenke einkaufen, Weihnachtsbrief zum Kopierladen bringen, Weihnachtspost ausfahren, im Odenwald einen Tannenbaum besorgen, die Päckchen zur Post bringen, das bestellte Buch abholen, der Großeinkauf im Supermarkt, den Raclette-Käse vorbestellen, die Kinder zur Adventsfeier fahren und wieder abholen, Probe beim Kirchenchor, Geschenkpapier kaufen, zum Konzert fahren, das Kostüm in die Reinigung bringen, Getränke einkaufen, noch mal Rhein-Neckar-Zentrum, wieder keinen Parkplatz, den Lachs vergessen, zu wenig Briefmarken, Glühwein auf dem Weihnachtsmarkt – alles ist unterwegs.

Was aber erzählt uns die Bibel? Ein Engel kommt zu Maria, Maria geht zu Elisabet, Maria und Josef gehen nach Betlehem, ein Stern zieht seinen Weg, drei Weise brechen auf, Volkszählung – jeder geht in sein Stadt, um sich eintragen zu lassen, der Engel geht zu den Hirten, die Hirten eilen los, ganze Heerscharen von Engeln sind unterwegs, die Heilige Familie auf der Flucht nach Ägypten, die Hirten kehren zurück, die drei Weisen sind schon wieder auf dem Heimweg – alles ist unterwegs.

Sind wir vielleicht doch in gar nicht so schlechter Gesellschaft?

Ich glaube, es gibt einen entscheidenden Unterschied: Es gibt ein Unterwegs-Sein, damit das Fest so schön wird wie letztes Jahr, damit man allen Erwartungen gerecht wird, damit bloß kein Streit entsteht, damit alle zufrieden sind – oder anders gesagt: damit alles so bleibt wie es ist.

Und es gibt ein Unterwegs-Sein, weil in mir etwas in Bewegung gekommen ist, weil da was Neues geschieht, weil es eine Verheißung gibt, eine Zusage, eine Hoffnung, ein Licht, einen Stern – oder anders gesagt: damit nichts so bleibt wie es ist.

Das Unterwegs-Sein an und für sich ist nicht schlecht. Wie sollte es auch, wenn Jesus später von sich sagt: »Ich bin der Weg«? Die spannende Frage scheint zu sein:

Sind wir unterwegs um sitzen zu bleiben oder um neu aufzubrechen?

WEIHNACHTEN

Wenn wir sagen: Es ist Weihnacht, dann sagen wir: Gott hat sein letztes, sein tiefstes, sein schönstes Wort im fleischgewordenen Wort in die Welt hineingesagt, ein Wort, das nicht mehr rückgängig gemacht werden kann, weil es Gottes endgültige Tat, weil es Gott selbst in der Welt ist. Und dieses Wort heißt: ich liebe dich, du Welt und du Mensch.

Karl Rahner

Und das Wort ist Fleisch geworden
und hat unter uns gewohnt
und wir haben seine Herrlichkeit gesehen
Johannes 1,14

Und Weihnachten geschieht!

Weihnachten kann man nicht machen – Weihnachten geschieht und wird und ist. Weihnachten – das ist das Geschenk Gottes an uns Menschen. Und Weihnachten ist und war und wird sein – egal, ob alle Fenster geputzt sind, wir alle Geschenke haben, die Weihnachtspost erledigt ist, es in den Geschäften keinen Lachs mehr gibt. Mit all unseren Einkaufslisten, raffinierten Menüvorschlägen, den liebevoll ausgesuchten Geschenken, all unseren Vorbereitungen können wir Weihnachten nicht machen – Weihnachten geschieht. Und das ist vielleicht das allergrößte Geschenk, das uns in diesen Tagen geschenkt wird.

Und der, der uns das schenkt, das ist nicht irgendeiner und nicht der Nachbar von nebenan – das ist Gott höchstpersönlich. Ohne ihn gäbe es dieses Fest überhaupt nicht. Und dieses Fest ist völlig unabhängig von all unserem Machen und Tun. Weihnachten findet nicht erst dann statt, wenn wir alle Geschenke bestens ausgesucht haben, alle Karten geschrieben sind, die Wohnung auf Vordermann gebracht ist – nein, Weihnachten ist. Keine Bedingungen, keine Vorleistungen, kein Perfektionismus. Wir brauchen Ursache und Wirkung nicht zu verwechseln.

Die Wirkung – das ist das, was wir aus dem Fest und diesen Wochen des Advents gemacht haben. Manchmal kann es uns da schon passieren, dass wir die eigentliche Ursache aus dem Blick verlieren – und eventuell sogar der irrigen Meinung sind, dass das Fest erst dann zum Fest wird, wenn wir alles getan haben. Gott ist Mensch geworden – das war und ist und wird. Weihnachten war und ist und wird sein.

Gott kommt uns entgegen.

Das Fest ist.

Gott wird Mensch.

Das ist Liebe.

Da sagt einer »Ja« zu uns ohne Wenn und Aber. Da liebt uns einer so sehr, dass er nicht wartet, bis wir mit allem fertig sind, sondern der uns einfach entgegenkommt. Da kommt einer in unser Mensch-Sein hinein, mitten in alle unsere kleinen und großen Sorgen, unsere Ängste, unsere Hoffnungen, in unseren Alltag. Da macht sich ein großer, starker, allmächtiger Gott so klein, dass er in unser begrenztes, kleines und oft so ohnmächtiges menschliches Leben hineinpasst. Da wird ein Gott Mensch, ja, wird Kind.

Er kommt mitten hinein in unsere Berge von Geschenkpapier, ist da zwischen Gänsebraten und Parfüm, ist da beim Flötenspiel der Kinder, beim Familienkrach am Heiligabend, ist am Bett des Kranken, ist da beim »Transeamus« des Kirchenchores und beim Glockengeläut in der Christnacht.

Und das ist das Geheimnis dieser Nacht – der heiligen Nacht: Längst, bevor wir irgendwas tun und egal was wir tun, ist er schon da, kommt er uns entgegen.

Das ist Weihnachten.

Das ist die frohe Botschaft für alle Menschen, die sie hören wollen: Die Botschaft vom entgegenkommenden Gott.

Zartherb

geahntes Geheimnis
im Dunkel verborgen
verzauberndes Flüstern
und neu hinhören
einen Augenblick Mut haben
und sich verlassen
wiederfinden
das Licht einer Kerze
ein Duft
ein Klang
ein Ahnen
nichts wird mehr so sein
wie es mal war
die Nacht ist rau
der Wind geht hart
kein schützendes Dach
und nur wenig Gepäck
ein tanzender Stern
ein Wort
die Umarmung eines Engels
und die Sehnsucht wächst

ein wenig rascher
als die Angst
Tränen
wissen um Abschied
Altes löst sich
Neues ist verletzbar
Tanz und Traum
und eine rote Rose
von irgendwem geschenkt
und wachsende Gewissheit
und Schmerz
und Erkennen
und Lassen
und Geben

Gott
bricht
ein

Gott nimmt uns unsere Dunkelheiten nicht. Es bleiben Krankheit und Tod, Angst und Einsamkeit, Missverständnisse und Verletzungen. Das ist menschlich. Die Begrenzungen unseres menschlichen Lebens stehen in der Spannung zu unserer Sehnsucht nach der Unbegrenztheit. Wir träumen davon, dass die Freiheit grenzenlos sein mag – und stoßen uns dann den Kopf blutig, wenn wir mit diesem Traum an die Grenzen unserer menschlichen Existenz stoßen.

Aber gerade die Begrenzungen unseres Lebens machen unser Mensch-Sein aus: Gäbe es den Tod nicht mehr, wären wir Gott – aber keine Menschen. Wären wir vollkommen, allmächtig, stark – dann wären wir Gott, aber keine Menschen mehr. Kennzeichen unseres Mensch-Seins ist gerade unsere Gebrochenheit. Und diese Gebrochenheit, den Tod, diese Grenzen kann uns keiner nehmen, wenn er uns nicht unser Mensch-Sein nehmen will. Jede Religion, jeder Guru, jede Sekte, die das verspricht, lügt.

Keiner kann uns das Dunkel unseres Lebens nehmen.

Hier auf Erden werden bleiben Tod und Einsamkeit, Krankheit und Grenze.

Und unser Gott hat uns das auch nie versprochen. Ja, er wird die Tränen abwischen – aber wir haben geweint. Er führt uns durch den Tod zum ewigen Leben – aber er kann den Tod nicht wegnehmen. Er nimmt uns unser Dunkel nicht – aber er selbst kommt als Licht in unsere Dunkelheit.

Und das ist die radikale Botschaft des Weihnachtsfestes: Dieser Gott kommt aus seiner Unbegrenztheit in die Begrenzungen unseres menschlichen Lebens hinein, damit wir sie besser aushalten und leben können. Er selbst wird Mensch und unterwirft sich, bei aller Göttlichkeit, menschlichen Begrenzungen. Er weint und leidet, er hat Angst und wird verraten, er ist einsam und unverstanden. Er wird Kind in einer armseligen Krippe im Stall – und stirbt einen qualvollen Tod am Kreuz. Er kann uns unser Dunkel nicht nehmen – aber in seiner Liebe zeigt er sich abgrundtief solidarisch mit uns Menschen: Er kommt mitten hinein in unsere Dunkelheiten. Er verlässt seine göttliche Größe, um in unsere Kleinheit hineinzukommen. Er wird Mensch, um uns so nahe zu sein, wie es nur ein Mensch sein kann. Er, der Unbegreifliche, macht sich begreiflich, damit wir etwas von der Größe dieses Gottes erahnen können. Er nimmt den Tod auf sich, damit wir gerade in diesen schmerzlichen Stunden nicht allein sind. Er geht uns nach in all unsere menschlichen Situationen hinein – um uns nah zu sein, ganz nah.

Im Glaubensbekenntnis beten wir: »Hinabgestiegen in das Reich des Todes« – ja, die Liebe unseres Gottes geht so weit, dass er sich in eine Welt hineinbegibt, in der scheinbar der Tod das letzte Wort hat. Auch er kann den Tod nicht wegnehmen – aber er nimmt den Kampf mit ihm auf und er besiegt ihn.

Dieser Gott ist so stark, dass er sich schwach machen kann – in einem Kind in der Krippe, im Gekreuzigten auf Golgota.

Das ist das Licht, das in unsere Dunkelheiten kommt – nicht, um sie wegzunehmen, sondern um sie zu erhellen.

Das Geheimnis der Weihnacht – das Geheimnis der Dreifaltigkeit

Gott ist Gott und bleibt Gott – der allmächtige, der unbegreifliche, der starke Gott. Und doch: Dieser Gott ist so sehr Liebe, ist so sehr Macht und Kraft, ist so sehr Weisheit, dass er sich in Jesus Christus ohnmächtig, begreiflich und schwach macht. Eigentlich ist genau das die Glaubensaussage über den dreifaltigen Gott, der zugleich einer ist: Gott – Liebe – Mensch. Er ist »einer« und zeigt sich doch in verschiedenen Facetten.

Gott bleibt dunkel und fern und unbegreiflich und allmächtig für uns – und er muss es sein und bleiben. Was wäre das für ein Gott, den wir Menschen verstehen könnten! Gott muss sich unserem Begreifen entziehen, wenn er Gott sein will. Und Gott verstehen zu wollen – das ist eine Anmaßung von uns Menschen. Wie wollen wir mit unserem begrenzten Denken etwas Unbegrenztes verstehen? Alles, was wir verstehen können, ist in dem Sinn »kleiner« als wir selbst – und was wäre das für ein Gott, der in unser Denken hineinpasst? Gott und sein Handeln muss unser Denken, unser Verstehen übersteigen. Und es muss bleiben die Frage nach dem »Warum?« und die Klage und der Protest – eben weil wir diesen Gott nicht verstehen.

Und doch ist dieser Gott zugleich so sehr Liebe, dass wir Menschen ihm nicht gleichgültig sind – er sehnt sich nach uns, wir liegen ihm am Herzen. Die Liebe ist eine Kraft, die erlösen kann, die Wunder wirken kann, die Menschen verändern kann. Durch diese Liebe, durch die Macht seines Denkens, seines Wollens, kommt eine Kraft zu uns, kommt seine Kraft zu uns. Die Bibel hat dafür viele Bilder: der Engel, der Gottes Nähe zusagt, die Wolke, die Taube, ... – aber wie will man das erklären, in Worte fassen, was zwischen Gott und dem Menschen geschieht? Wir tun uns ja oft genug schwer, zu erklären und zu verstehen, was im Namen der Liebe zwischen zwei Menschen passiert ...

Aus seiner Liebe heraus wird Gott Mensch, begibt sich in unsere irdische Begrenztheit mit hinein, wird solidarisch mit uns Menschen. Aus dem fernen, allmächtigen, starken Gott wird ein Mensch, der unsere Wege mit uns geht, der sich uns zugesellt in all unsere Verstiegenheiten und Verwirrungen hinein, der in unsere Dunkelheiten hineinkommt, der uns nahe kommt, ganz nah. Da ist einer, der unsere Schwachheit auf sich nimmt – und sie gerade deshalb nachfühlen kann. Da ist einer, der weiß, wie sich Schmerzen anfühlen – und der eben nicht nur nette Worte macht. Da ist einer, der weiß, was Dunkelheit und Einsamkeit ist, da ist einer, der weint und zornig ist, da ist einer, der von seinen Freunden verraten und verleugnet wird – und der weiß, was »wehtun« heißt.

Wir brauchen alle drei Seiten unseres Gottes: Wir brauchen den Gott, der sich unserem Verstehen entzieht – wen sonst sollten wir anbeten? Wir brauchen die Kraft, die über uns kommt, uns erfüllt – woraus sonst sollten wir leben? Und wir brauchen die Solidarität dieses Gottes, damit es für uns leichter ist, Mensch zu sein, wir brauchen den, der unsere Wege bedingungslos mit uns geht – wer sonst sollte mit uns gehen?

eigentlich
ist Weihnachten
ganz klein
und armselig

ein Säugling
ein Stall
die Ärmsten der Armen
und die Flucht vor den Mächtigen

und gerade das
hat was mit
Gott
zu tun

Gott macht sich klein
Gott wird schwach
Gott gibt sich hin
aus Liebe

und lädt uns ein
ihm zu folgen
nicht zu Triumph und Glanz und Gloria
sondern in die Erbärmlichkeit des Stalls

in die Erbärmlichkeit meines Stalls
in die Schwachheit meiner Liebe
in die Begrenztheit meines Könnens
in mein Versagen

und Gott
macht sich
ganz klein
damit er

mitgehen
kann

Das ist das Geheimnis der Dreifaltigkeit: Aus Liebe zu uns wird Gott Mensch. Und Weihnachten – das ist genau der Punkt, an dem der Weg Gottes mit uns Menschen leibhaftig, begreifbar und erlebbar wird.

An Weihnachten bekommt die unendliche Liebe Gottes Hand und Fuß und ein Gesicht – das Gesicht eines Kindes in der Krippe, das uns Menschen so sehr liebt, dass es bereit ist, für uns all die Schwachheit und Ohnmacht und schließlich den Tod am Kreuz auf sich zu nehmen.

Und da ist ein Licht in unserer Nacht, da ist ein Stern, der den Weg weist – und eine leise Stimme, die sagt: »Fürchte dich nicht!«

Das ist Weihnachten …

In jener Gegend lagerten Hirten auf freiem Feld
und hielten Nachtwache bei ihrer Herde.
Lukas 2,8

Ausgesetzt

schlecht brennt
das Feuer heute abend

das Dunkel
ist irgendwie dunkler

der Job
irgendwie schwieriger

ich fühl
mich

unbehaust und
ungeborgen

verloren
heimatlos

und höre
fürchte dich nicht

und würde es
so gerne glauben

Das Fest der Mistkäfer

Vor einiger Zeit war ich für einige Tage in Südafrika. Und komischerweise habe ich dort, mitten im südafrikanischen Frühsommer, etwas von Weihnachten verstanden: Weihnachten ist eigentlich das Fest der Mistkäfer …

An dem Tag waren wir seit fünf Uhr morgens mit dem Ranger des Wildparks unterwegs gewesen, auf der Suche nach Elefanten, Leoparden, Löwen, den »wild dogs«. Nach Sonnenaufgang hielten wir irgendwo in der Wildnis, er holte die Thermoskannen mit Kaffee hervor – und zeigte uns so ganz nebenbei den frischen Dung eines Nashorns. Hunderte von Mistkäfern hatten sich um diesen Dunghaufen versammelt und machten daraus kleine Kugeln, die immerhin so groß waren wie sie selbst – um sie dann mühsam über Hunderte von Metern in ihre eigene Behausung zu rollen.

Wer in Afrika ist, will Löwen, Elefanten und Büffel sehen – und eigentlich keine Mistkäfer. Wir wollen das Große, das Spektakuläre. Dem jagen wir hinterher. Auch an Weihnachten.

Aber Weihnachten ist überhaupt nicht spektakulär – ein kleines Kind im erbärmlichen Stall, und gleich nach der Geburt schon auf der Flucht. Am Königshof ist der neugeborene König der Juden nicht zu finden. Sogar die Heiligen Drei Könige laufen erst einmal die falsche Adresse an. Und die Bewohner von Betlehem haben das Ereignis ganz verschlafen. Es sind die Hirten, die Ärmsten der Armen, diejenigen, die durch Nacht und Kälte wachgehalten werden, sich sorgend um ihre Herden, die das Kommen des Gottessohnes mitbekommen.

Weihnachten ist überhaupt nicht spektakulär. Es ist armselig.

Wir haben es spektakulär gemacht – um damit möglicherweise die leise Botschaft, die uns zur Veränderung aufruft, zu übertönen.

Ich habe in diesen Tagen gelernt: Weihnachten hat nichts mit Löwen und Elefanten zu tun, die sich fotogen den Besuchern an der Krippe stellen, sondern viel mehr mit Mistkäfern, die in aller Geduld, Beharrlichkeit und mit Ausdauer ihre Aufgabe erfüllen. Gott inszeniert sich nicht publikumswirksam und spektakulär, sondern eher bescheiden und im Hintergrund. Wir brauchen nicht das Laute, Schöne und Harmonische zu propagieren, sondern wir dürfen all das Kleine, Schützenswerte und Nicht-Spektakuläre leben.

Solange wir auf das Große warten, werden wir Gott nicht finden. Wir werden Gott nicht finden, wenn wir nach oben schauen – sondern nur dann, wenn wir nach unten schauen. Vielleicht sogar bei den Mistkäfern …

Damit wird Weihnachten aber auch zu einer Anfrage an mich selbst: Definiere ich mein Leben so, dass es nur lebenswert ist, wenn das Spektakuläre eintrifft – oder finde ich das Staunens- und Liebenswerte auch im erbärmlichen Stall?

Vielleicht sogar in meinem erbärmlichen Stall?

ICH BIN DA –
ES IST WEIHNACHTEN

Und jetzt sagt Gott uns, was er schon durch seine gnadenvolle Geburt der Welt im ganzen gesagt hat: Ich bin da, ich bin bei dir. Ich bin deine Zeit. Ich bin die Düsterkeit deines Alltags, warum willst du sie nicht tragen? Ich weine deine Tränen – weine deine mit, mein Kind. Ich bin deine Freude, fürchte nicht froh zu sein, denn seit ich geweint habe, ist Freude die wirklichkeitsgemäßere Lebenshaltung als die Trauer derer, die meinen, keine Hoffnung zu haben. Ich bin die Ausweglosigkeit deiner Wege, denn wo du nicht mehr weiterweißt, da bist du, törichtes Kind, schon bei mir angelangt und merkst es nicht. Ich bin in deiner Angst, denn ich habe sie mitgelitten, und ich war auch nicht nach weltlicher Weise heroisch dabei. Ich bin in dem Kerker deiner Endlichkeit, denn meine Liebe hat mich zu deinem Gefangenen gemacht. Wenn die Rechnung deiner Gedanken und deiner Lebenserfahrungen nicht aufgeht, siehe, ich bin der ungelöste Rest, und ich weiß, dass er, dieser Rest, der dich zur Verzweiflung bringen will, in Wahrheit meine Liebe ist, die du noch nicht begreifst. Ich bin in deiner Not, denn ich habe sie erlitten, und sie ist jetzt verwandelt, aber nicht ausgetilgt aus meinem menschlichen Herzen …

Diese Wirklichkeit – das unbegreifliche Wunder meiner allmächtigen Liebe – habe ich unversehrt und ganz in dem kalten Stall eurer Welt untergebracht. Ich bin da. Ich gehe nicht mehr von dieser Welt weg, wenn ihr mich jetzt auch nicht seht …
Ich bin da. Es ist Weihnachten. Zündet die Kerzen an. Sie haben mehr Recht als alle Finsternis. Es ist Weihnacht, die bleibt in Ewigkeit.

Karl Rahner

Mutter der schönen Liebe

Maria, die Mutter Jesu, hat immer wieder von den Menschen entsprechende Beinamen bekommen, die dabei helfen sollen, das Faszinierende an dieser Frau zu verstehen. In der Lauretanischen Litanei, einem alten Gebet, in dem die Gottesmutter um ihre Hilfe angerufen wird, sind einige dieser Namen aufgeführt, unter anderem wird sie dort als »Mutter der schönen Liebe« bezeichnet. Aber was heißt das eigentlich, was ist eine »schöne« Liebe? Ist Liebe nicht immer schön? Und dann noch eine »Mutter der schönen Liebe«?

Nein, Liebe ist nicht immer schön … denn wer liebt, der öffnet sein Herz und macht sich berührbar und verletzbar. Und der ist manchmal ziemlich wehrlos und ohnmächtig, wenn der andere ihn an Stellen berührt, wo es wehtut, wenn der andere ihn verletzt. Auch das Scheitern einer Liebe kann nur derjenige erleben und erleiden, der geliebt hat. Und in einer Liebe nicht verstanden zu werden und nicht zu verstehen, da mag man manchmal eine größere Einsamkeit erleben als derjenige, der alleine lebt.

Was aber ist eine »schöne Liebe«? Auf die Spur geholfen haben mir die Menschen hier an dem Ort, in dem ich lebe. Seit vier Jahren habe ich in unseren beiden Gemeinden Beerdigungsdienst übernommen – und immer wieder kommt es vor, dass sich jemand für die »schöne Beerdigung« bedankt. Aber kann eine Beerdigung »schön« sein? Spontan würde ich mit »nein« antworten – aber was ist es dann, was die Menschen trotz des traurigen Anlasses so anspricht?

Ich glaube, das Wort »schön« ist so eine Art »Hilfswort« für etwas, das ich mit »stimmig« bezeichnen würde. Eine Beerdigung ist dann schön, wenn sie »stimmt«, wenn sie dem Verstorbenen gerecht wird, wenn sie »passt«.

Und eine Liebe ist dann schön, wenn sie stimmig ist. Wenn sie nicht an Erwartungen gebunden ist, wenn sie den anderen frei lässt, der zu werden, der er sein will, vielleicht auch in einem spirituellen Sinne sein soll. Eine Liebe, die nicht an Bedingungen geknüpft ist, sondern die liebt. Eine Liebe, die auch das Geheimnis des anderen achtet – und ihn nicht zu dem umbiegen will, wie ich ihn gerne hätte. Eine Liebe, die manchmal nicht begreift – und trotzdem liebt. Eine Liebe, die den anderen meint und nicht sich selbst. Eine Liebe, die sich herschenkt und gibt – und nicht die Stillung der eigenen Bedürfnisse erwartet. Eine Liebe, die nicht rechnet, die nicht auf ihre Kosten kommen will, sondern die schenkt, ohne Vorgabe und ohne Rückzahlung. Eine Liebe, die frei macht – und nicht fesselt.

So hat Maria geliebt. Diese junge Frau wird den Gott oft genug nicht verstanden haben, dem sie geglaubt hat. Sie hat ihren eigenen Sohn oft genug nicht verstanden. Und sie hat trotzdem ihr »ja« gesagt und ist dabei geblieben. Sie ist bereit, auch wenn nicht alle Fragen beantwortet sind, nicht alle Zweifel ausgeräumt sind, man nicht alles wissen kann. Sie glaubt und liebt trotzdem.

Das ist eine »schöne Liebe« – das ist jemand, der liebt, allen Zweifeln und Fragen zum Trotz. Lieben heißt nicht zu warten, bis wir wissen – sondern meint manchmal auch ein Handeln auf ein Ahnen, eine Stimme des Herzens hin.

In dem Sinn ist »glauben« eine »schöne Liebe«. Glauben heißt immer wieder auch: Nichts zu verstehen und sich doch hinzugeben. Manchmal heißt glauben: ganz einfach »ja« sagen – allen Fragen und Zweifeln zum Trotz.

In dieser Liebe kann Maria uns Mutter sein, eine »Mutter der schönen Liebe« – und wird uns genau dadurch auch zur Schwester. »Ja« sagen, allen Fragen und Zweifeln zum Trotz …

Die Heilige Familie gibt's nur im Dreierpack!

Vor einiger Zeit wollte ich in einem Geschäft in Mainz eine Krippenfigur des heiligen Josef kaufen, die ich zu einem ganz bestimmten Zweck brauchte. Ich war mir ein bisschen unsicher, ob man Krippenfiguren auch einzeln kaufen kann – und fragte vorsichtig nach. »Doch«, antwortete die Verkäuferin, »natürlich kann man Krippenfiguren auch einzeln kaufen!« – »Auch den heiligen Josef?« – »Nein, den natürlich nicht! Die Heilige Familie gibt's nur komplett!«

Ob ihr wohl bewusst war, welch wichtige Glaubensaussage sie da so einfach dahin gesagt hatte? Die Heilige Familie gibt's nur komplett, sozusagen im Dreierpack … Josef geht nicht ohne Maria und das Kind, das Kind nicht ohne seine Eltern, Maria nicht ohne Josef und das Kind.

Zugegeben – in dieser Dreier-Konstellation scheint Josef die unbedeutendste Rolle bekommen zu haben – er wird in der Regel als alter Mann dargestellt, der, die Laterne in der Hand, ein wenig abseits steht, als ob er nicht so recht wüsste, wie ihm geschieht. Den meisten Christen ist die Verkündigungsszene des Engels an Maria, wie sie im Lukasevangelium beschrieben wird, erheblich vertrauter als die Stelle aus dem Matthäusevangelium, in der sich der Engel direkt an Josef wendet – und irgendwie, man weiß sowieso nicht so recht, was man eigentlich von diesem Mann zu halten hat, der eine schwangere Frau zu sich nimmt, obwohl er sicher weiß, dass er nicht der Vater des Kindes ist. Josef – das scheint der große Unbekannte im ganzen Spiel zu sein …

Aber – die Heilige Familie gibt's nur im Dreierpack. Und dass wir dem heiligen Josef so wenig Beachtung schenken, könnte vielleicht auch damit zu tun haben, dass das Bild von Maria und ihrem Sohn ein bisschen netter und freundlicher zu sein scheint als dieser eher etwas herbe Mann, der sich unserem Verstehen ein wenig entzieht.

Es lohnt sich, einmal einen genaueren Blick in die beiden Evangelien zu werfen, die von der Geburt Jesu erzählen, das Lukas- und das Matthäusevangelium. Das Lukasevangelium setzt, deutlicher als alle anderen Evangelien, seinen Hauptakzent auf die befreiende Botschaft für alle Armen und diejenigen, die im Leben zu kurz gekommen sind. Dies wird auch schon in den Kapiteln deutlich, die von der Geburt Jesu erzählen – der Engel kommt zu Maria, zu einer Frau, die zur damaligen Zeit aufgrund ihres Geschlechtes weniger galt als ein Mann. Maria wird zur Hauptperson bis hin zu ihrem Lobgesang an Gott, unter anderem mit den Worten: »Die Mächtigen stürzt er vom Thron und erhöht die Niedrigen.« Und schließlich die Botschaft der Geburt Jesu durch die Engel an die Hirten, auch eine Gruppe im damaligen Israel, die nicht besonders geachtet war. Die Linie wird konsequent durchgetragen – Gottes Botschaft der Erlösung gilt all denen, die unfrei sind, die ungerecht behandelt werden, denen die Würde ihres Mensch-Seins nicht zugestanden wird.

Ganz anders dagegen wird die Linie im Matthäusevangelium gezogen: Dort wird die Geschichte der Geburt Jesu so erzählt, dass deutlich wird, dass sich in Jesus Christus das Kommen des Messias erfüllt hat, dass in ihm die Prophetenworte wahr werden, dass er der König ist, dem Verehrung entgegengebracht wird. Deshalb tauchen hier auch keine Hirten auf, sondern mächtige und weise Männer aus dem Osten, die dem neugeborenen König der Juden kostbare Geschenke überbringen wollen, deshalb die Flucht nach Ägypten, damit sich wiederum ein Schriftwort des Alten Testamentes erfüllt – und deshalb steht auch Josef im Matthäusevangelium eindeutig im Vordergrund des Geschehens, da er aus einem königlichen Geschlecht stammt. Maria wird hier nur am Rande erwähnt. Bei Matthäus will sich Josef von Maria trennen, nimmt sie aber auf Weisung des Engels dann doch zu sich, aufgrund einer Botschaft flieht er mit Maria und dem Kind nach Ägypten, um schließlich, als die Gefahr vorbei ist, wieder nach Israel zurückzukehren. Hier ist es eindeutig Josef, der der Handelnde ist, mit dem Gott durch seine Engel in Verbindung steht, der ihm seine Weisungen gibt, der für Jesus als gesetzlicher Vater einsteht und für ihn seinen Namen hergibt, der aufgrund seiner Abstammung die königliche Herkunft Jesu bezeugt.

Ja, aber, was stimmt denn nun? Ist jetzt Maria die entscheidende Person oder Josef derjenige, den Gott in seinen Dienst beruft? Waren die Hirten beim Stall oder die Sterndeuter an irgendeinem Ort, der nicht mal näher beschrieben ist? Unserem westeuropäischen, computergewöhnten Denken fällt es schwer, diese so unterschiedlichen Fassungen der beiden Kindheitsgeschichten nebeneinander stehen zu lassen und beide in ihrer je eigenen Wahrheit anzunehmen. Diese Geschichten, wie sie von Matthäus und Lukas erzählt werden, sind keine historischen Darstellungen, sie wollen nicht tagesschaumäßig über Fakten, Tatsachen und Zahlen berichten, sondern sie wollen eine innere, eine persönliche Wahrheit wiedergeben. Sie sprechen eine andere Sprache, als wir es heute gewohnt sind – und die wir vielleicht nur noch von den Märchen kennen, wenn dort alte menschliche Erfahrung und Weisheit in konkreten Geschichten ausgedrückt wird, wenn Feen und Hexen ins Spiel kommen und Wundertränke und sprechende Tiere.

Beide, Matthäus und Lukas, haben recht mit dem, was sie sagen – und die Volksfrömmigkeit hat immer schon darum geahnt, dass es um etwas Tieferes gehen mag als um bloße Fakten, wenn die Hirten aus dem Lukasevangelium an der Krippe friedlich vereint bei den Heiligen Drei Königen aus dem Matthäusevangelium stehen und dazwischen Ochs und Esel, die in gar keinem der beiden Evangelien zu finden sind, sondern wiederum aus einem Vers des Propheten Jesaja (Jesaja 1,3) kommen.

So spielt bei Lukas Maria die Hauptrolle, bei Matthäus Josef – und beide werden als im Dienst Gottes stehend beschrieben, sie haben ihre je eigene Aufgabe, um das

Kind zur Welt zu bringen, zu schützen, ihm einen Namen zu geben, ein Elternhaus, um es alles Menschliche von Kind an erleben zu lassen.

Die Heilige Familie gibt es nur im Dreierpack. Und vielleicht gälte es, neben das Bild von Maria mit dem Kind das Bild von Josef zu stellen, der sich mit all seinen Kräften für Maria und das Kind einsetzt. Alfred Delp hat es so beschrieben:

> *Josef: Er ist der Mann am Rande, im Schatten. Der Mann der schweigenden Hilfestellung und Hilfeleistung. Der Mann, in dessen Leben Gott dauernd eingreift mit neuen Weisungen und Sendungen. Die eigenen Pläne werden stillschweigend überholt. Immer neue Weisungen und Sendungen, neuer Aufbruch und neue Ausfahrt. Er ist der Mann, der sich eine bergende Häuslichkeit im stillen Glanz des angebeteten Herrgotts bereiten wollte, und der geschickt wurde in die Ungeborgenheit des Zweifels, des belasteten Gemütes, des gequälten Gewissens, der zugigen und windoffenen Straßen, des unhäuslichen Stalles, des unwirtlichen fremden Landes. Und er ist der Mann, der ging. Das ist sein Gesetz: Die dienstwillige Folgsamkeit. Er ist der Mann, der dient. Daß ein Wort Gottes bindet und sendet, ist ihm selbstverständlich. Die dienstwillige Bereitschaft, das ist sein Geheimnis.*

Ein Mann, der sich und sein Leben Gott so hingibt, das kann kein schwacher Mann sein, der einfach die Laterne hält. Das ist ganz im Gegenteil ein starker Mann, der nicht darauf angewiesen ist, seine Stärke öffentlich zu beweisen und zu zeigen.

Der heilige Josef will uns zeigen und auch dazu einladen, dass es neben der Art und Weise, wie sich Maria von Gott in den Dienst nehmen lässt, auch noch eine andere Art und Weise gibt, und – das ist wohl das Entscheidende – dass es nicht *die* Art und Weise gibt, wie ein solches Sich-in-den-Dienst-nehmen-lassen aussehen kann. Jeder und jede von uns hat seinen und ihren Platz im Gesamten wahrzunehmen und zu erfüllen, und jeder und jede auf seine und ihre Weise. Das eine ist nicht besser oder mehr wert als das andere, es ist einfach anders. Jedes wird gebraucht, auf keines kann verzichtet werden – Gott meint mich und will mich in meiner ganz persönlichen Art und Weise. Er will nicht mehr von mir, als ich geben kann, aber das, was ich geben kann, will er auch.

Weihnachten – das ist die Frage, ob ich bereit bin, das zu geben.

Im Geheimnis wohnen

Dass ein Gott Mensch wird, ja, ein Kind in der Krippe – das ist ein Geheimnis unseres Glaubens. Es ist ein Geheimnis, vor dem wir Menschen staunend stehen, staunend wie Maria und Josef, die Hirten, die Weisen aus dem Morgenland – staunend wie ein kleines Kind unter dem Weihnachtsbaum.

> *Die Linie des Lebens Jesu: ein großes Geheimnis. Probleme gilt es zu lösen, soweit das möglich ist. Geheimnisse soll man ja nicht auflösen wollen, denn dann ginge etwas Kostbares verloren. Geheimnisse braucht man, um darin zu wohnen. Die Wurzel des Wortes »Geheimnis« ist ja »heim«. In Geheimnissen sind wir beheimatet. Ein armer Mensch, der keine Geheimnisse hat. Er ist auf eine tiefe Weise heimatlos.*
> *Piet van Breemen*

Es bleibt etwas Geheimnisvolles um dieses Fest, ein ganz eigener Zauber. Er verzaubert die Kinderherzen, er schleicht sich zwischen die E-Mails der Computer und die Kurzmitteilungen auf dem Handy, er löst für ein paar Stunden, vielleicht auch nur einen Augenblick lang, die Erstarrung des harten Gesichtes, des kalten Herzens. In den Stunden der Weihnacht spiegelt sich das Licht der Kerzen in dunklen Augen, finden aufgescheuchte Herzen ein wenig Ruhe und Hoffnung, wollen Geschenke sagen: »Ich will dir gut!« Man erinnert sich an die eigenen Tage der Kindheit – und hat ein wenig Heimweh, ein wenig Heimweh nach zu Hause. Oder ist es vielleicht doch auch ein wenig Heimweh nach dem Geheimnis unseres Lebens?

Diesen Zauber, diese Sehnsucht, dieses Heimweh dürfen wir nicht verkaufen, dürfen wir nicht hergeben und dürfen wir uns nicht nehmen lassen. Es ist so lebensnotwendig für uns, dass wir Kerzen anzünden, dass wir uns beschenken lassen, dass wir ein wenig Berührung zulassen. Wir dürfen nicht alles entzaubern.

Es ist überlebensnotwendig für uns, dass wir Geheimnisse haben.

irgendwann
irgendwo

ein Mensch
von Gott
berührt

und
nichts ist mehr so
wie es mal war

ein Kind
eine Krippe
ein Stall

unscheinbar
unbedeutend
unwichtig

jetzt
heute
hier

und
nichts wird mehr sein
wie es ist

Sternenstaub

wer bist du, Junge, der vom Himmel fiel
was willst du, warum änderst du mein Ziel
lockst du mich in das Feuerland
Grün sprießt aus der Dornenwand
Sternenstaub
fällt in mein Herz

»Sternenstaub«, ein Wort und ein Lied von Klaus Hoffmann, einem deutschen Liedermacher – und mag sein, es geht genau darum: Sternenstaub in mein Herz fallen zu lassen. Dazu braucht es zwei Dinge: aufbrechen, meinen Weg nach dem großen Stern, dem Geheimnis ausrichten, das Fest feiern – und im Alltag von diesem Sternenstaub leben, Sternenstaub sammeln.

Sternenstaub – ein Lächeln, ein gutes Wort, ein Sonnenuntergang, die Jagd der Wolken am Himmel, die Pfote, die mir ein großer, schwarzer Hund vertrauensvoll entgegenstreckt, der Brief eines Freundes, ein Gottesdienst, der mich berührt, ein Lied, das meine Stimmung ausdrückt, ein Gedicht von Rilke, das Verstehen eines Freundes … Sternenstaub …

Scheinbar so wenig – und doch so unsagbar viel …

Aber: Wenn man Sternenstaub sammelt, dann kann er sich auch zu einem neuen Stern verdichten …

Und bei all dem den großen Stern nicht aus den Augen verlieren, meinen Weg nach ihm ausrichten …

Zugegeben – es geschah vor langer Zeit. Und ich habe die Geschichte auch nur gehört. Und ich weiß auch gar nicht, ob sie wahr ist.

Aber sie ist schön. Und sie könnte wahr sein.

Und das allein reicht mir als Grund, um sie aufzuschreiben:

Es gibt Millionen und Abermillionen von Sternen an unserem Himmel. Und außer Gott kann niemand genau sagen, wie viele es eigentlich sind. Und ich glaube, sogar Gott sollte man einen Tag Zeit geben, um diese Frage zu beantworten. Denn auch Sterne werden geboren und sterben wieder, kommen aus der Unendlichkeit und kehren in die Unendlichkeit zurück – genau wie wir Menschen. Und manchmal braucht auch das himmlische Bürgerbüro ein wenig Zeit, um die Daten korrekt zu erfassen und weiterzugeben,

Ja, es gibt junge und kleine Sterne – und die sind nicht viel anders, als junge und kleine Menschen sind. Sie brauchen viel Liebe, trauen sich manchmal zu viel zu, bezaubern einen irgendwie und können einen zugleich manchmal unsagbar nerven.

Desidorio war solch ein kleiner und junger Stern. Und er bemühte sich redlich, ein guter Stern zu sein und zu werden. Er hörte den großen Sternen zu, er arbeitete die Lernprogramme für junge Sterne gewissenhaft durch, nahm seine Termine wahr – und doch: Wenn im Himmel ein wichtiges Fußballspiel zwischen Engelsstürmern und Sternenfliegern anstand, konnte es schon mal sein, dass er auch einen Termin nicht mehr im Blick hatte.

Es war an einem Abend vor langer, langer Zeit. Da beschloss eine Gruppe von Wolken, sich besonders fein zu machen, sich rot-rosa-lila zu färben und einfach dahinzuschweben. Und sie sangen dabei ganz leise vor sich hin!

Und als Desidorio diese Wolken sah, war er einfach hin und weg. Sie waren so was von schön!

Und in seiner Freude und Aufregung wollte er einfach hinterher, er wollte den Wolken folgen und ihren Farben. Und vor lauter Aufregung verließ er sogar den Platz im Himmel, der ihm zugeteilt worden war – und segelte mit den Wolken und freute sich und genoss es aus ganzer Seele, freute sich an dem Wind, an Farben und Gesang!

Und er atmete tief durch und liebte das Leben und vergaß ganz, dass er ein Stern war, der eigentlich auf seinem Platz leuchten sollte.

Es kam, wie es kommen musste. Auch das rauschende Fest der Wolken hatte einmal ein Ende. Die rot-rosa-lila Farbe wechselte wieder ins Alltagsgrau, sie hingen schwer und düster am Himmel – und sie sangen auch nicht mehr.

Dem kleinen Stern wurde plötzlich ganz kalt. Er schaute sich um – aber er war allein. Da war kein anderer Stern mehr zu sehen, da gab es keine Farben, keinen Klang mehr.

Er war allein, ganz fürchterlich allein.

Und als unserem kleinen Stern dies bewusst wurde, schluckte er einmal tief – und dann fing er an zu weinen. In seiner Freude an den Wolken hatte er sich auf den Weg gemacht. Er hatte ihnen getraut und war mit ihnen gegangen. Und da war er jetzt – allein und verlassen.

Ich hätte es wissen müssen, flüsterte der kleine Stern vor sich hin. Manchmal gaukelt uns das Leben etwas vor, was es nicht einlöst – so wie die Wolken. Aber die Erkenntnis kam für unseren kleinen Stern ein wenig spät – er hatte auf das eine gesetzt und das andere verlassen.

Er weinte bitterlich – und fiel schließlich in einen unruhigen Schlaf.

Irgendwann nachts erwachte er – und als ihm klar wurde, wo er war, nämlich irgendwo im Niemandsland zwischen Himmel und Erde, dass es kein Zuhause für ihn gab, keine Heimat, fing er wieder an zu weinen. Er war in die Irre gegangen – und wusste nicht mehr, wie es weitergehen sollte.

Aber – hatte da nicht jemand gerufen? Er schaute sich um – da war so viel Dunkel und ganz viel Stille. Aber wenn er ganz genau hinschaute, war da nicht ein kleines Licht? Wenn er genau hinhörte, gab es da nicht einen leisen Klang?

Man könnte ja wenigstens mal nachschauen, was da los ist.

Und so flog ein kleiner, junger Stern, vollkommen verunsichert und vollkommen durcheinander, zu einem Stall nach Betlehem. Und da sagte ein Kind zu ihm: Ich brauch dich! Du musst den Menschen den Weg zu mir weisen – und du sollst die Nacht erhellen.

Und Desidorio suchte sich einen Platz am Himmel und leuchtete vor sich hin. Er schenkte dem Kind in der Krippe sein Licht, er wies den drei Weisen aus dem Morgenland den Weg, er ging mit den Hirten mit.

Der Stern von Betlehem, das ist eigentlich ein ganz kleiner und junger Stern, der sich verlaufen, oder vielleicht richtiger, sich »verflogen« hat – und der trotzdem dazu auserkoren wurde, über der Krippe und über dem Kind zu leuchten. So erzählt es zumindest diese alte Geschichte.

Wie gesagt, das ist eine alte Geschichte, und ich weiß auch nicht, ob sie wahr ist. Aber ich finde sie schön. Ein kleiner und junger Stern wird zum Wegweiser zum Kind in der Krippe, zu dem Gott, der Mensch wird.

Diesem Stern kann ich gut folgen.

Heilige Nacht

wenn ich malen könnte
würde ich ein kleines
schäbiges Haus malen

ganz klein
in ganz viel Weite
und mit ganz viel Verlorenheit

und mit ganz viel Dunkel drumherum
und der Sturm der dahinfegt
und die Kälte die zittern lässt

und die Hoffnungslosigkeit
und die Angst
und die Sorge

und dann würde ich
mitten in dieses kleine schäbige Haus
mit dem gelbesten Gelb einen Punkt setzen

und diesem Bild
würde ich dann den Titel

du

geben

Hoffnungsgrün

Das Geheimnis unseres Gottes, das Geheimnis der Weihnacht will unser Leben, will unsere Lebendigkeit.

Dafür stehen all die Zeichen des Lebens, die wir gerade in diesen Tagen in unsere Wohnungen und Häuser und Kirchen hereinholen: das Grün der Tannen, das Zeichen des Lebens in einer Zeit, in der alles Grün sonst verborgen ist; das Licht der Kerzen in einer Zeit, die hier in unseren Breitengraden von Dunkelheit geprägt ist; Verheißungen von Leben in Fülle in eine Zeit hinein, die voller Katastrophenmeldungen ist.

Wer im Geheimnis wohnt, für den strahlt im Dunkel ein Licht, für den wächst mitten im Winter aus der Wurzel ein Reis, ein grüner Zweig.

Der hofft trotz aller Hoffnungslosigkeit, der vertraut trotz aller Enttäuschungen, der glaubt allen Zweifeln zum Trotz. Der folgt einem Stern und traut einem Wort. Der sieht ein Kind in der Krippe, in einem erbärmlichen Stall – und fällt auf die Knie, um es anzubeten. Der lässt sich von den Pappkulissen unserer Gesellschaft nicht täuschen – der sieht hinter die Kulissen, der fragt nach dem Sinn, der sucht das Mehr, der findet Gott.

Seltsam, im Nebel zu wandern!
Leben ist Einsamkeit.
Kein Mensch kennt den andern.
Jeder ist allein.
Hermann Hesse

erkennen

jeder tod
will alleine
gestorben sein

jede einsamkeit
muss alleine
durchlebt werden

mancher ruf
verhallt
ungehört

manche geste
bleibt
unbeantwortet

und manchmal kriecht
dann ganz leise
der nebel aus dem tal

und ich fühl mich
verloren vergessen
einsam zukunftslos

ich blick nicht mehr durch
ich habe die richtung verloren
ich irre umher

    der nebel verschleiert
    verhüllt birgt
    bedeckt

und
trennt
und vereint

    und plötzlich
    einen moment lang nur
    reißen die nebel auf

und du siehst die sterne
und du bist in der weite
und du ahnst den horizont

und atmest
und bist
und liebst

und

verlierst dich
um dich neu
zu finden

Eine wahre Geschichte – **oder: das Fest der Maulwürfe?**

Es geschah in den Tagen des Kaisers Augustus … Ist Weihnachten eine wahre Geschichte? Noch immer ist kein Friede. An die Stelle von Gespräch und Diplomatie scheint wieder ein hoch gerüstetes Faustrecht zu treten. Wie die Wetterkarte begleiten die Börsenkurse die täglichen Nachrichten. Die Umstellung der Wirtschaft auf den Vorrang des Kapital-Nutzens führt zu einem Spiel mit immer neuen Verlierern. Niemand weiß so recht, wie dieser wildgewordene Kapitalismus zu bändigen wäre. Und ob die alten Systeme von Solidarität in der neuen Zeit überleben können. Es geschah in den Tagen des Kaisers Augustus …

Und ein Stern springt aus seiner Bahn, eine Frau sagt selbst bewusst ihr »Ja«, ein Mann traut dem Traum – ein Gott kann, wenn Menschen wollen. Ohne zwei Menschen in den Tagen des Kaisers Augustus wäre Weihnachten nie wahr geworden. Und ohne uns wird Weihnachten nie wahr werden.

Ist Weihnachten eine wahre Geschichte? Weihnachten erzählt: Mitten in der wirklichen Welt, mitten in den Bewegungen von Militärs und Steuerspekulanten, entsteht eine andere Bewegung. Engel verlassen den Himmel, Hirten ihre Herde, Könige ihre Länder. Sie alle werden in Bewegung gesetzt, nicht weil Soldaten sie zwingen, sondern weil sie auf der Suche sind nach einem Kind. Sie alle werden geführt: nicht zu den Futterkrippen gesteigerter Einnahmen, sondern zu einer Krippe, in der ein Säugling liegt, weil er sonst nichts hat.

Weihnachten beginnt nicht großartig, sondern armselig. Weihnachten ist nicht die Titelstory auf Seite 1, und niemand, der Weihnachten wahr macht, wird zum Superstar. Und auch die Suche hat schnell ein Ende, wenn man meint, gefunden zu haben. Engel, Hirten und Könige sind längst schon wieder zurückgekehrt. Es bleibt eine Armseligkeit, die am Kreuz endet. Eine Geschichte, die war …?

Ist Weihnachten eine wahre Geschichte? Wo Geld und Macht die Grenze sind für unsere Sehnsucht und unsere Vorstellungskraft, da gibt es über diesen Säugling nichts zu sagen. Die Weihnachtsgeschichte erzählt von ihm, weil der Glaube eine größere Sehnsucht hat und einen größeren Wirklichkeitssinn. Gott selbst hat sich in Bewegung gesetzt und ist zu uns gekommen. Von dieser Bewegung erwartet das Evangelium alles. Nicht Konto- und Truppenbewegungen, sondern Gottes Bewegung auf uns zu: nicht von außen, nicht von oben, nicht mit Druck und nicht durch Gewalt. Wenn wir der Weihnachtsgeschichte glauben, dann haben wir gefunden, was größer ist als unsere Wünsche und unsere Vorstellungskraft: die Macht, ein Kind Gottes zu werden.

Damit Weihnachten nicht zu einer Geschichte wird, die war, müssen wir Weihnachten wahr machen. Dass Weihnachten nach zweitausend Jahren immer noch ist und immer wieder geschieht, das ist das Werk von Menschen, die selbst bewusst ihr »Ja« sagen und den Träumen trauen – jedem König Herodes und jedem Kindermord zum Trotz. Das ist das Werk von Menschen, die sich von Ägypten aus maulwurfsartig nach Nazaret zurückgraben.

Ein Maulwurf alleine wird den Königspalast nicht zum Einstürzen bringen – aber ein kleiner brauner Erdhügel mitten im gepflegten Luxusrasen kann auch schon für Irritation sorgen. Es liegt an uns, ob wir uns entmutigen lassen – und damit den anderen die Welt überlassen – oder ob wir in aller Armseligkeit immer wieder neu anfangen, aus einer Geschichte, die war, eine wahre Geschichte werden zu lassen.

Weihnachten – das Fest der Maulwürfe …?

Ulrich Sander / Andrea Schwarz

Das Fest ist vorüber

Die ganz großen Gottesdienste an diesem Weihnachtsfest sind vorüber … und in der Stille, die folgt, wird mir manchmal erst klar, was Weihnachten eigentlich für mich bedeutet.

Ich kann mir gut denken, dass es dieser kleinen Familie damals vielleicht ähnlich ergangen sein mag. Zeitweise war da ja schon ein ganz schönes Gedränge an und um den Stall: die staunenden Hirten, die gekommen waren, um das neugeborene Kind zu sehen – so beim Evangelisten Lukas –, oder die drei Weisen aus dem Morgenland, höchstwahrscheinlich mit ihrem Hofstaat – so nach dem Evangelisten Matthäus. Viel Ruhe hatten sie wohl nicht gehabt, die junge, erschöpfte Mutter, der Vater, dem immer wieder Engel rätselhafte Botschaften übermittelten, das kleine Kind, das sich ja auch erst an diese Welt gewöhnen muss.

Jetzt aber sind alle Besucher fort. Jeder, der gekommen war, um etwas zu sehen, ist wieder nach Hause zurückgekehrt. Sogar die Engel haben wieder den Weg in den Himmel angetreten. Das Fest ist vorbei. An der Krippe, im Stall ist es ruhig geworden. Die Heilige Familie ist wieder unter sich. Und eigentlich wird erst jetzt die Heilige Nacht auch zur stillen Nacht. Alles schläft, einsam wacht … Josef vielleicht, der dafür sorgt, dass das wärmende Feuer nicht ausgeht, der Kerzenstummel in der Stalllaterne nicht verlöscht, über Mutter und Sohn wacht, die erschöpft und friedlich schlafen.

Vielleicht kann das Geheimnis dieser Nacht erst dann zum Zug kommen, wenn die Stille wieder das Sagen bekommt, wenn ein Kerzenstummel notdürftig die Nacht erhellt, ein Feuer ein wenig wärmt. Vielleicht kann das Geheimnis dieser Nacht erst dann richtig beginnen, wenn alle, die etwas sehen wollten, wieder gegangen sind. Vielleicht braucht das Geheimnis dieser Nacht auch den Schutz der Einsamkeit.

Das Fest ist vorüber – und das Geheimnis beginnt zu leben. Und das Geheimnis lebt in den Menschen, die nicht gekommen sind, um etwas zu sehen oder zu erleben, sondern die das Wunder dieser Nacht in ihrem Herzen tragen und bewahren. Weihnachten, das ist nicht das laute und fröhliche Fest – Weihnachten, das ist eine stille und heilige Nacht, in der Gott Mensch, ja ein Kind wird. Das ist das Geheimnis, das den Menschen still werden lässt und das ihn heiligt – Gott wird Mensch.

Wer sich auf die Suche nach Weihnachten macht, wird es vielleicht dort nicht finden, wo es laut und voll ist und betriebsam zugeht. Das sind keine Orte für Geheimnisse.

Die Geheimnisse unseres Lebens brauchen den Schutz der Stille und der Einsamkeit, des Dunkels und der Einfachheit – und sie vertragen keine Zuschauer. Dann kann in uns das Geheimnis der Weihnacht zu leben beginnen – ein kleines Feuer, das Wärme gegen die Kälte schenkt, ein notdürftiger Kerzenstummel in einer armseligen Stalllaterne, der das Dunkel der Nacht erhellt, ein Gott, der uns entgegenkommt und Mensch wird.

Das ist das Fest, das weitergeht.

Der Menschensohn hat keinen Ort,
wo er sein Haupt hinlegen kann.
Lukas 9,58

Heraus
Forderung

Weihnachten
heißt nicht
dass alles so bleibt
wie es ist

sondern
das heißt
dass alles so wird
wie es werden soll

das ist
Aufbruch
Anfang
Anders

das ist
Losgehen
Loslassen
Lösen

das ist die
Zumutung
die mich heraus
fordert

An der Käsetheke ...

Für Silvester hatte ich Gäste eingeladen – und so stand ich dann zwei Tage vorher treu und brav im Lebensmittelgeschäft an der Käsetheke. Raclette und Silvester – das passt irgendwie gut zusammen, beides eine Garantie für lange Abende – und so haben wohl viele andere auch gedacht. Die Kundin vor mir wollte gleich zwei Kilo Raclettekäse – und mit einer Engelsgeduld schnitt die Verkäuferin den Käse, legte jeweils eine Scheibe Plastikfolie dazwischen und schaute zwischendrin immer wieder zur Waage. Als ich dann mit meinen 750 Gramm kam, guckte sie mich nur an, schob seufzend den Laib Käse wieder auf die Schneidemaschine und begann von neuem. »Können Sie nach den Feiertagen Raclette-Käse überhaupt noch sehen?«, fragte ich mitfühlend. »Nein!«, sagte sie, »das waren Tonnen! Aber jetzt haben wir nur noch einen halben Laib – und dann sind wir ausverkauft! Ich bin froh, wenn die Feiertage rum sind!«

Ich bin froh, wenn die Feiertage rum sind – den Satz habe ich in den letzten Tagen häufig gehört – und ich kann es gut nachvollziehen. Ich bin auch teilweise vollkommen durcheinander gekommen, habe den Montag als Samstag deklariert – und war vollkommen überrascht, als die Reinigung am Nachmittag doch tatsächlich noch auf hatte. Und wann war jetzt noch die Abfuhr der grauen Tonne? Und wie hat das Postamt geöffnet?

Die Feiertage waren dicht, schön und intensiv – und wir brauchen diese Feiertage. Aber irgendwann wird einem das Außergewöhnliche auch zu viel – und man fängt an, sich wieder nach dem Normalen zu sehnen:

Rührei mit Bratkartoffeln statt des Drei-Gänge-Menüs, Papierkörbe, die nicht mit Geschenkpapier voll sind, abends im Jogging-Anzug rumlümmeln statt in »großer Gala« bei jemandem eingeladen zu sein.

So sehr wir uns alle auf diese Feiertage gefreut haben und sie hoffentlich von Herzen genossen haben – so sehr wächst dann doch auch wieder eine Sehnsucht nach dem Normalen und Alltäglichen. So schön das Außergewöhnliche auch ist – man kann das Außergewöhnliche nicht auf Dauer haben.

Und so sind die meisten auch ganz froh, wieder in ihren Alltag zurückkehren zu können – und damit sind wir in guter biblischer Gesellschaft. Die Engel sind schon lange wieder in den Himmel zurückgekehrt, die Hirten kümmern sich wieder um ihre Herden – und auch die drei Weisen aus dem Morgenland werden wieder zurückgehen. Und wenn der ganze Besucherandrang bei der Heiligen Familie im Stall von Betlehem abgeebbt sein wird, wird wohl auch dort so was wie Alltag einkehren.

Und das ist vollkommen in Ordnung so – der Alltag braucht das Fest – genauso wie das Fest den Alltag braucht. Nur Alltag, das wäre langweilig – und nur Fest, das wäre auf Dauer ganz schön anstrengend.

Entscheidend ist, ob das Fest und die Art und Weise, wie wir es feiern, gefeiert haben, unseren Alltag verändert. Ob wir anschließend zuversichtlicher, getrösteter, hoffender unsere »alle Tage« angehen …

Es geht nicht darum, Feste um der Feste willen zu feiern, so schön das auch sein mag. Es geht darum, dass das Fest meinen Alltag, mein Leben, verändert. Und wenn es dies nicht tut, dann können wir es genauso gut sein lassen.

Weihnachten ist ein Fest mit Konsequenzen – und wenn wir Weihnachten gefeiert haben, dann können, dürfen und müssen wir uns auch auf die Konsequenzen einlassen.

Und die Konsequenz wiederum ist eigentlich ganz einfach: Gott geht mit.

Das ist die Botschaft von Weihnachten. Gott geht mit – die Zusage gilt. Und das ist die Botschaft, die unseren Alltag verändern müsste, auch wenn die Feiertage vorbei sind – Gott geht mit!

Geburt

ankommen dürfen
beim Kind
in der Krippe
einen Augenblick lang

endlich angekommen
bleiben dürfen
einen Augenblick lang
ganz sicher

sein
im Frieden
erfüllt
und dankbar

und staunen
und ganz still werden
und dankbar sein
und erfüllt

und herausgefordert
zu neuem Weg
Zukunft
und Lebendigkeit

JAHRESWECHSEL

Wir Christen aber wissen den endgültigen Namen Gottes: Jesus. Denn das ist der Name, den das Kind erhielt, das Gott ist und die ewige Jugend der Welt, das ein Mensch ist und so das ewige Antlitz Gottes. Geben wir auch dem kommenden Jahr diesen Namen! Zeichnen wir uns auf Stirn, Geist und Herz das Kreuz dieses Jesus! Sprechen wir getrost: Unsere Hilfe ist im Namen des Herrn! Und dann lasst uns beherzt die Schwelle des neuen Jahres überschreiten. Wo sein Name über ihm erglänzt, wird selbst eine dunkelste Stunde eine Stunde des Jahres des Herrn und seines Heiles sein.

Karl Rahner

Geschenkt

der Abendstern
guckt zum Fenster herein
der Wein
funkelt rubinrot im Glas
ein Freund ruft an
die Flamme der Kerze tanzt
und in mir
klingen Melodien

nur noch wenige Kalenderblätter
das Jahr neigt sich dem Ende zu
und ich spür mich
und es tauchen Bilder auf
und Worte
und Klänge

und ich
schaue zurück

da
war
so
viel

es
war
so
reich

da waren Menschen
in meinem Leben
da gab es tiefe Begegnungen
da wuchs Freundschaft
da gab es Auseinandersetzungen
in denen Dinge klar wurden
da gab es eine Geste
ein Wort
die Nähe erfahrbar machten

da gab es den Weg
das Unterwegs-Sein
auf sein Wort hin
da gab es das Fremde
das Sich-Riskieren
das Sich-Aufmachen
den Mut
Altes zu verlassen
ohne zu wissen
wie das Neue sein wird
und ganz einfach
grenzenloses Vertrauen

da gab es Verletzungen
und Enttäuschungen
auch von Freunden
da gab es Gebrochenheiten
zwischen Traum und Sein
die wachsen ließen

da gab es
tiefe Momente des Seins
am Cruz de ferro
in den Wüsten Südafrikas
in den Bergen Südtirols
in der alten Kirche in Freimersheim
irgendwo in einer Pizzeria
beim Spazierengehen
in den rheinhessischen Weinbergen
in einem Krankenzimmer
in den Städtischen Kliniken
bei einer konzertanten Herbstgala
auf Burg Rheinfels

da war
das namenlose
Unsichtbare
die Kraft
die unser Leben lenkt
die Zufälle
zum Geschick werden lässt
die uns werden lässt
uns herausruft
sich uns zumutet

Erinnerungen
werden wach
und zeugen
Dankbarkeit

geschenkt
alles geschenkt
das Leben
mein Leben
Begegnungen
Liebe
Freundschaft
die Herausforderungen
die Verbundenheit
die Grenzen
Heimat
geschenkt

dankbar
von diesem Jahr
Abschied nehmen

und das neue
hoffend und liebend
begrüßen

und im Moment des Übergangs
des nicht mehr und noch nicht
einfach innehalten
Abschied nehmen von dem
was war

voll Hoffnung
auf das
was wird

Der nächste Schritt

Gute Wünsche zu diesem Neuen Jahr mögen wir in den letzten Tagen genug bekommen haben – manchmal eher formelhaft beim Einkaufen, über eine Postkarte, sozusagen im Vorübergehen, manchmal sehr ausführlich in dem Brief eines Freundes, einem Anruf, einer Begegnung. Die 365 Tage, die da vor mir liegen, werden diese guten Wünsche brauchen, die eigenen und die mir zugesagten.

Mit den Wünschen allein aber ist es nicht getan. Ich brauche auch Kraftquellen, aus denen heraus ich mein Leben gestalten kann, Kraftquellen, aus denen ich leben kann, Kraftquellen, die auch dann nicht versiegen, wenn es die äußeren Umstände nicht gut mit mir meinen, wenn meine Pläne durchkreuzt werden, meine Wünsche nicht in Erfüllung gehen, wenn mich Krankheiten beeinträchtigen, ich mit dem Scheitern von Beziehungen konfrontiert bin. Was trägt und hält mich dann, woraus kann ich dann noch Kraft schöpfen?

Mir ist in diesem Zusammenhang Psalm 84 wichtig und lieb geworden: »Wohl den Menschen, die Kraft finden in dir, wenn sie sich zur Wallfahrt rüsten. Ziehen sie durch das trostlose Tal, wird es für sie zum Quellgrund, und Frühregen hüllt es in Segen. Sie schreiten dahin mit wachsender Kraft, dann schauen sie Gott auf dem Zion« – und fast scheint mir, als ob in diesen Psalmversen Hinweise und Anregungen verborgen sein mögen, wie Leben gelingen kann, und wie ich das neue Jahr im wahrsten Sinne des Wortes »angehen« kann.

Damit Leben gelingen kann, muss ich ein Ziel vor Augen haben, ein Ziel, für das es sich zu leben lohnt. Ich muss wissen, wo ich hin will, nur dann kann ich mich und meine Schritte entsprechend daraufhin ausrichten. Mark Twain, der amerikanische Schriftsteller, beschreibt in der ihm eigenen Art, was ansonsten passieren kann: »Als wir das Ziel aus den Augen verloren hatten, verdoppelten wir unsere Anstrengungen.« Wenn ich nicht weiß, wo ich hin will, werde ich halbherzig einen Schritt mal in die eine, mal in die andere Richtung machen – und doch nicht vom Fleck kommen. Wer sein Ziel vor Augen hat, der kann gelassen sein, der braucht nicht zu hetzen, sondern kann zielstrebig seinen Schritt, sein Tempo finden. Für uns Christen ist dieses Ziel in der Bildersprache der Bibel das himmlische Jerusalem, das Leben in und mit Gott in einer neuen Zeit, einem neuen Raum. Mit einem solchen Ziel vor Augen kann ich entscheiden, ob ein Schritt weiterführend ist, ob er mich dem Ziel näher bringt.

Das bedeutet, mich immer wieder neu auf diesen Gott hin ausrichten, ihn in mein Leben hereinholen, mich von ihm zur Lebendigkeit verführen lassen, all das loslassen, was mich von ihm trennt. Und das kann zur Richtschnur für die vielen kleinen Schritte im Alltag, für mein Handeln, sein und werden. »Auf Gott hin« – das gibt die Richtung an. Und wenn ich mein Leben auf Gott hin ausrichte, dann hat es Konsequenzen – dann geht es nicht mehr um Besitzstandsmehrung und »Mehr-haben-Wollen«, dann geht es nicht mehr um egoistisches Handeln, bei dem meine eigenen Interessen im Vordergrund stehen, sondern dann bin ich angefragt, mein Leben in den Dienst dieses Gottes zu stellen. Dann gilt es, Menschen, und nicht zuletzt auch mich selbst, aus fremden und selbstgezimmerten Gefängnissen zu befreien, mögen sie nun Macht, Besitz, Sicherheit oder »Geliebt-sein-Wollen« heißen. Dann gilt es, mich zum Leben und zur Lebendigkeit befreien zu lassen, indem ich mich wieder spüre und bin.

Dazu braucht es kleine und große Schritte – ein Ziel vor Augen zu haben, nutzt nichts, wenn ich mich nicht aufmache und aufbreche. Wer sitzen bleibt, kommt nicht ans Ziel. Wer nicht bereit ist, sich selbst auf dem Weg zu erfahren, ja und auch zu riskieren, der wird sich nicht erleben. Wer in dem bleibt, was schon immer so war, weil es schon immer so war, wird das Leben verfehlen und wird sich verfehlen. Sündig zu werden, kann auch heißen, nicht gelebt zu haben, aus dem nichts gemacht zu haben, was Gott uns ganz persönlich und individuell mitgegeben hat. Aufbruch ist angesagt, gewagtes Leben, gelebte Lebendigkeit. Die zu gehenden Schritte müssen nicht groß sein – aber ich muss sie gehen. Über das Aufbrechen und Gehen nur zu reden und dabei doch sitzen zu bleiben, das ist so, als wenn einer das Lesen der Speisekarte mit dem Essen verwechseln würde – er bleibt hungrig.

Manche bleiben deshalb sitzen, weil sie den Weg nicht kennen. Sie wissen nicht, was sie erwartet. Sie hätten gerne Klarheit darüber, worauf sie sich da einlassen, welches Risiko sie eingehen, welche Gefahren lauern. Sie glauben durchaus an das Ziel, aber der Weg macht ihnen Angst. Sie fürchten sich, vielleicht sogar zu Recht, vor der Radikalität dieses Gottes und geben sich mit der scheinbaren Sicherheit zufrieden – und bleiben unerfüllt. Wenn ich erst dann losgehe, wenn ich den Weg klar vor mir sehe, werde ich möglicherweise nie losgehen. Wege ergeben sich im Gehen – und ich kann nur schauen, ob der jeweils nächste Schritt so stimmt und stimmig ist. Es braucht den Mut zum Vertrauen, um loszugehen – oder anders gesagt, es braucht den Glauben.

Glaube wiederum braucht Offenheit. Ich kann Gott nicht vorschreiben, wie er zu sein hat, was er mit mir vorhat, wie er meine Bitten zu erfüllen hat. Meine Bilder und Erwartungen können gerade das verhindern, was ich eigentlich suche, wenn ich festgelegt bin auf das, was ich finden möchte. Vor lauter Fixiert-Sein auf meine begrenzten Vorstellungen kann es passieren, dass ich das nicht sehe und wahrnehme, was ich eigentlich finden soll. Es ist eine Offenheit, die Gott Gott sein lässt und ihn eben nicht in menschliche Denkkategorien herabholt.

Das ist Glauben – Mut zum Vertrauen. Glaube ich diesem Gott und seiner Zusage? Bin ich bereit, loszulassen, auf sein Wort hin? Bin ich bereit, meine Absicherungen aufzugeben und mich wirklich auf ihn einzulassen? Lasse ich von meinen Erwartungen und bin ich offen für das ganz Andere, das mir geschenkt wird? Vertraue ich darauf, dass er nicht nur das Ziel ist, sondern auch treuer Wegbegleiter? Und glaube ich daran, dass dieser Gott mich sucht – und dass mein Teil lediglich darin besteht, nicht vor ihm zu flüchten und mich zu verstecken, sondern mich von ihm finden zu lassen? Mich von ihm finden zu lassen, da ergeben sich Ziel und Weg und Gehen.

Wer sich in einer solchen Weise auf Gott einlässt, dem erwächst beim Gehen die Kraft. Der erlebt hautnah, dass sich das trostlose Tal zum Quellgrund wandelt, der geht und staunt und liebt und vertraut.

Ein neues Jahr – vielleicht eine Chance, sich neu auszurichten auf diesen Gott hin, das Ziel neu zu stecken, tastende Schritte zu wagen, in aller Offenheit, um zu finden, was ich vielleicht nicht suchte.

Jahresschlussgottesdienst

Wir kommen zum Schluss
zum Schluss des Gottesdienstes
der Altar ist aufgeräumt
Kelche und Schalen sind gereinigt
jetzt warten wir noch auf den Segen
um dann gehen zu können

um zu gehen
in den Schluss dieses Jahres
die letzten Stunden vor Neujahr
mit gemischten Gefühlen
mit Dankbarkeit vielleicht
mit Trauer
voller Hoffnung
mit Angst
mit Freude vielleicht

wir kommen zum Schluss
ich schließe ab
einen Gottesdienst
ein Jahr
ich schließe ab
vielleicht
mit einer Beziehung
mit einem Kapitel
meines Lebens
mit einem Traum

ich gebe ab
eine Last
ich gebe zurück
falsche Erwartungen
ungelebtes Leben
verlorene Hoffnungen
ich schließe ab
mit dem
was mir nicht mehr weiterhilft
mit dem
was nur Platz wegnimmt
mit dem
was nicht zu mir gehört
ich lasse los
was ich nicht mehr will
ich gebe her
was ich nicht mehr brauchen kann
ich schließe ab
was nicht länger offen bleiben soll
was ein Ende braucht
was abgeschlossen sein will
oder sein soll
oder sein muss

wir kommen zum Schluss
wir schließen ab
wir lassen los
wir geben her

damit Raum wird
damit Neues möglich wird
damit es neu anfangen kann
damit es beginnen kann

wir kommen zum Schluss
damit Neues werden kann

mit Gott
für uns
und das Leben

was uns dazu noch fehlt?
Wenn Sie mich fragen
dann ist das weder der Wetterbericht
noch das Jahreshoroskop
sondern der Segen unseres Gottes

dass unser Gott uns
Gutes zusagt

Neujahr

Für mich ist der 1. Januar immer ein ganz besonderer Tag – es ist fast so, als läge auf diesem Tag ein Zauber, der Zauber des Beginns, der Zauber des Anfangs. Ein neues Jahr liegt vor mir, 365 unbeschriebene Blätter, in denen alle Möglichkeiten des Lebens verborgen sein können. Was wird mir das Neue Jahr bringen? Wird es ein gutes Jahr werden, in dem vielleicht ein Traum Wirklichkeit wird, eine Hoffnung Hand und Fuß bekommt? Oder werden irgendwelche Dunkelheiten über mich hereinbrechen, die vernichtende Diagnose des Arztes, der Tod von Freunden? Oder wird es eher ein Durchschnittsjahr, in dem alles seinen Gang geht und gar nichts Aufregendes passiert?

Vor mir liegen 365 unbeschriebene Blätter. Es fängt neu an. Unter das vergangene Jahr haben wir in der letzten Nacht einen Schlussstrich gezogen – da haben wir noch zurückgeschaut. Jetzt geht der Blick nach vorne. Das kann manchmal mit viel Lust und Freude verbunden sein, manchmal aber auch mit Bangen und Angst. Wie ich das neue Jahr anschaue, hängt wohl auch davon ab, wie ich das Leben anschaue.

Es fängt neu an. Und das gilt nicht nur für den neuen Kalender, dessen Deckblatt ich heute umschlage, sondern es gilt eigentlich auch für mich. Ich kann neu anfangen. Die Zukunft liegt offen vor mir. 365 unbeschriebene Blätter. Ich kann es neu probieren mit dem Leben.

Zugegeben, es wird Menschen geben, die mir an diesem Punkt heftig widersprechen werden: Ich bin unheilbar krank, keine Aussicht auf Genesung, die Zukunft ist ganz und gar nicht offen für mich, sondern im Gegenteil ziemlich sicher, todsicher sozusagen. Oder: Ich bin arbeitslos, keine Chance auf einen neuen Job, ich bin zu alt – und das mit 50 Jahren.

Ja, ich kann den Protest gut verstehen – und doch bleibe ich dabei: Es kann neu anfangen.

Es kann neu anfangen.

Aber ob es neu anfangen kann, das liegt auch an mir.

Mein Leben wird immer von zwei Blickwinkeln bestimmt. Der eine geht von außen nach innen – Dinge, die um mich außen herum geschehen, auf die ich gar keinen Einfluss habe, wirken sich nach innen, auf mich, aus. Ich bin zur Ohnmacht verurteilt, wenn meine Mutter stirbt, mir mein Arbeitsvertrag gekündigt wird, mir jemand die Vorfahrt nimmt und ich durch den Unfall verletzt werde. Das ist die eine Richtung.

Aber es gibt auch einen Blickwinkel, der von innen nach außen geht – ich kann eine Zumutung als Herausforderung verstehen, ein Problem als Anfrage an meine Kreativität und vielleicht sogar den Tod als die Nagelprobe meines Glaubens.

Ich habe keinen Einfluss auf das, was mir in diesen 365 noch unbeschriebenen Tagen des kommenden Jahres geschehen wird – aber ich habe Einfluss darauf, was ich damit mache und wie ich damit umgehe, aus welchem Blickwinkel ich darauf schaue.

Und wie ich damit umgehe und was ich damit mache, damit kann ich heute, an diesem Neujahrstag, neu anfangen. Ich kann einen Schlussstrich darunter ziehen, wie ich bisher damit umgegangen bin – ich kann und darf neu anfangen.

Es war wohl in den siebziger Jahren, als Janis Joplin ihr Lied von »Me and Bobby McGee« sang. Und in dem Refrain dieses Liedes heißt es: »Freedom is just another word for nothing left to loose.« Auf Deutsch bedeutet das ungefähr: »Freiheit ist nur ein anderes Wort dafür, dass du nichts mehr zu verlieren hast.« Das ist der Blick von innen nach außen. Ich habe nichts mehr zu verlieren – das heißt auch, ich hänge an nichts so sehr, dass mich sein Verlust niedermachen würde. Das ist ein bestimmter Blickwinkel auf mein Leben, das ist eine Haltung dem Leben gegenüber. Das ist der Hinweis, dass ich nichts in meinem Leben absolut setzen sollte, sondern immer nur relativ. Und ganz realistisch gesagt: Wer nichts zu verlieren hat, der ist frei. Wer sich an Besitz, an Macht, an Karriere festklammert, macht sich selbst unfrei. Wer sich an seine Vorstellungen klammert, wie sein Leben abzulaufen hat, fesselt sich selbst. Wer Erwartungen hat, wird damit leben müssen, dass er enttäuscht wird. All das hat nichts mit Freiheit zu tun.

»Freedom ist just another word for nothing left to loose …« Damit könnte das Neue Jahr gut anfangen. Was habe ich zu verlieren? Gibt es nicht unsagbar viel mehr zu gewinnen?

Es kommt wohl auf den Blickwinkel an.

Ja, vor uns liegen 365 unbeschriebene Kalenderblätter – und das Leben wird schon für die entsprechenden Tagebucheintragungen sorgen. Und doch liegt es an mir, wie ich mit diesen Tagebucheintragungen des Lebens umgehe. Ich kann die Kalenderblätter des neuen Jahres beschreiben lassen – aber ich kann sie auch selbst beschreiben.

»Freedom is just another word for nothing left to loose ….« Ich verstehe das als Herausforderung. Es gibt unsagbar viel zu gewinnen, wenn ich mich ganz offen auf diese 365 Tage einlasse, wenn ich keine Erwartungen fortschreibe, wenn ich dem Leben nicht sage, wie es zu sein hat.

Ein neues Jahr beginnt.

Und ich habe nichts zu verlieren, aber unsagbar viel zu gewinnen.

FEST DER ERSCHEINUNG DES HERRN (DREIKÖNIG)

Ein neues Jahr hat begonnen. Auch in diesem Jahr ziehen alle Wege vom Morgenland zum Abendland durch die Wüsten des Lebens endlos an Vergänglichkeit vorbei. Aber man kann auf ihnen die selige Reise der Pilgerschaft zum Absoluten machen, die Reise zu Gott. Brich auf, mein Herz und wandre! Es leuchtet der Stern. Viel kannst du nicht mitnehmen auf dem Weg. Lass es fahren. Gold der Liebe, Weihrauch der Sehnsucht, Myrrhe der Schmerzen hast du ja bei dir. Er wird sie annehmen.
Und wir werden finden.

Karl Rahner

Gott im Alltag leben

Ich habe nichts zu verlieren – aber unsagbar viel zu gewinnen. Und genau das will im Alltag gelebt sein. Gott geht meine Wege mit – und ich kann diese Zusage Gottes nicht auf einen bestimmten Zeitraum und ein Datum begrenzen. Weihnachten – das hat zur Konsequenz: Gott im Alltag leben.

Das heißt: Gott, diesem Geheimnis, einen Raum, eine Zeit geben – dieses Geheimnis in mein Leben hereinholen. Meiner Sehnsucht eine Chance geben, dem Heimweh trauen, den Mut zum Aufbruch haben.

Damit ist wiederum kein Machen und Tun gefragt, sondern ein Sein, eine Lebenshaltung, eine Einstellung dem Leben gegenüber.

Was das heißt, können wir an Maria sehen. Sie hat nichts gemacht, sie war – und gerade dadurch konnte Gott in ihr zur Welt kommen – und Hand und Fuß und ein Gesicht bekommen: Mensch sein – und doch bereit sein für Gottes Ruf, für sein Einbrechen in meinen Alltag. Stehen bleiben, auf Gott schauen, ihn auf mich zukommen lassen – und »Ja« sagen – voll Zweifel, voll Hoffnung, und doch voll Liebe. Sehnsüchtig sein nach dem, was noch nicht ist, suchen, hoffen, erwarten. Lauschen, hinschauen, zu verstehen versuchen, Neues probieren, mich berühren lassen – aufbrechen. Meinen Weg gehen im Namen dessen, der mit mir geht. Das Leben probieren, weil es mir einer zugesagt hat. Die Lebendigkeit nicht verkaufen, bloß weil es dann einfacher und billiger wäre. Mich berühren lassen auf die Gefahr hin, dass ich verletzt werde. Zart sein können, weil Gott selbst mich umarmt.

Mit meinen Schwächen stark sein, weil Gott mich liebt. Mich von meiner Angst nicht überwältigen lassen, weil meine Hoffnung größer ist. Glauben, dass der Tod nicht das letzte Wort hat. Vertrauen, weil die Liebe immer noch lebt.

Wer sich von dem Geheimnis der Weihnacht, von dem Geheimnis Gottes berühren lässt, für den ergibt sich ein neues Lebensprogramm – scheinbar Wichtiges wird unwichtig, Unwesentliches wird plötzlich wesentlich. Der wird bereit, sich alle Pläne durchkreuzen zu lassen, weil etwas Neues und Größeres in sein Leben gekommen ist. Der hat auf einmal den Mut zum Aufbruch, zum Aufbruch in ein anderes Land, in ein Land der Sehnsucht, ein Land der Verheißung. Der bricht auf und geht los so wie die Heiligen Drei Könige, die Hirten – eine Verheißung in den Ohren, einen Stern vor Augen.

Und das Abenteuer beginnt …

In jenen Tagen kam Jesus aus Nazaret in Galiläa und ließ sich von Johannes im Jordan taufen
Markus 1,9

Gottes Bund mit den Menschen

Ehrlich gesagt, bei meinem letzten Umzug habe ich wirklich lange gezögert – soll ich die uralten Karl-May-Bände von Winnetou, Old Surehand und Kara ben Nemsi wirklich noch mal mit umziehen? Ich hab doch seit Jahrzehnten nicht mehr reingeschaut – und die neue Wohnung ist eh um so vieles kleiner – wäre es jetzt nicht doch an der Zeit, sie endlich wegzugeben?

Ich habe sie beim Umzug mitgenommen – und sie stehen jetzt zwar im Keller, aber immerhin, sie stehen noch da. Und ab und an, wenn mein Blick darauf fällt, wenn ich in den Keller gehe, um eine Flasche Wein zu holen oder eine Maschine Wäsche zu waschen, dann werde ich ein wenig wehmütig, und in mir werden Erinnerungen wach, Erinnerungen an meine Kindheit, in der so eindeutig klar war, was gut ist und was böse, in der man sicher sein konnte, dass das Gute immer gewinnt, auch wenn es manchmal dabei sehr traurig zuging, beim Tod von Nscho-Tschi zum Beispiel. Und ich kann mich gut an meine Stimmung damals erinnern, als ich bereit war, mich für das Gute bedingungslos einzusetzen, an das Wahre und Gute glaubte und allem Bösem den Kampf ansagte.

Und ganz dunkel taucht in mir eine Szene auf einem Dachboden auf, wo eine Jugendfreundin und ich uns ewige Blutsbrüderschaft versprachen, ich glaube, es floss tatsächlich ein Tropfen Blut dabei – und dieses Versprechen war uns damals sehr heilig.

Die Jugendfreundin und ich haben uns aus dem Blick verloren – aber doch glaube ich nach wie vor an die Idee, sich mit anderen Menschen für das Gute, die Wahrheit, die Gerechtigkeit zu verbünden – und sein Leben dafür einzusetzen. Und ein solches Bündnis, das ist etwas Heiliges. Das ist mehr als ein Vertrag, mehr als eine Abmachung, mehr als eine Vereinbarung. Ein Bündnis, das ist etwas, was mir heilig ist. Ein Bündnis ist mehr, als sich mit jemandem zu verbinden, nur um miteinander etwas zu erreichen. Ein Bündnis, das ist etwas Heiliges …

Und deshalb ist dieser Grundgedanke des Bündnisses keine neue Idee der Politik, das hat auch Karl May nicht erfunden – dieser Gedanke, diese Idee ist Tausende von Jahren alt – und für uns Christen zugleich hoch aktuell. Im Leben von Menschen gab es immer schon das Heilige – und das, was ihnen heilig ist. »Ich will einen ewigen Bund mit euch schließen!« – so hören wir es immer wieder im Alten Testament. Gott schließt einen Bund mit den Menschen – er bietet ihnen ein Bündnis der Liebe an, ein Bündnis für das Gute und das Schöne und das Wahre, ein Bündnis für Gerechtigkeit. Gott bietet sich den Menschen an, sagt seinen Bund zu, setzt den Regenbogen als Zeichen seines Bundes in die Wolken. Gottes Bund mit den Menschen – das ist etwas Heiliges …

Wie die Geschichte weitergegangen ist, das wissen wir – immer wieder haben Menschen »ja« zu dieser Einladung gesagt – und haben dann doch den Bund gebrochen. Und immer wieder ging Gott uns Menschen nach, um uns erneut für diesen Bund zu gewinnen.

In Jesus Christus wird das Bündnis Gottes mit uns Menschen im wahrsten Sinn des Wortes sicht- und greifbar, und das ist der Neue Bund. Nicht mehr nur Worte, nicht mehr nur Zeichen – nein, Gott selbst wird Mensch, um es uns ein wenig leichter zu machen, diesen Bund mit ihm einzugehen. Er selbst gibt sich in Brot und Wein, er gibt sich ganz und leibhaftig. Und das ist heilig … – so wie es immer heilig ist, wenn sich jemand ganz und gar gibt.

Und ich glaube, genau darin könnte auch ein Schlüssel für die Schriftstelle liegen, in der wir davon hören, dass Jesus sich taufen lässt. Er reiht sich ein in die Reihe derer, die mit der Taufe Antwort auf das Bündnisangebot Gottes geben wollen. Eigentlich ist es ja paradox – wenn der Sohn Gottes den Bund mit Gottvater eingehen wollte. Mit der Taufe will Jesus aber sagen: »Ja, ich gebe mich voll und ganz hinein, ich gebe mich ganz in meiner menschlichen Existenz hin. Ich bin so solidarisch mit den Menschen, dass ich mich darin an ihre Seite stelle, dass ich mich unter ihnen einreihe.« Mit seiner Taufe sagt Jesus »ja« zu seiner Hingabe, mit seiner Taufe sagt er »ja« zu dem Weg, der vor ihm liegt, dem Willen des Vaters gehorsam. Und deshalb steht am Beginn des öffentlichen Wirkens Jesu genau diese Taufe – es ist sein »Ja«, sein bewusstes »Ja« zum Leben – als Mensch – mit Gott.

Die Taufe, das ist die Antwort des Menschen auf Gottes Bund mit uns, das ist der Bund zwischen Gott und Mensch und Mensch und Gott. Das ist das Bündnis für Gerechtigkeit und Liebe. Das ist das Bündnis für das Leben und gegen den Tod. Und das ist heilig.

»Fest soll mein Taufbund immer stehen«, so singen wir es oft. Aber – meinen wir es auch? Haben wir uns wirklich mit Gott verbündet, haben wir uns mit Gott verbunden, für das Leben, gegen den Tod? Und wenn wir Kinder zur Taufe bringen, wollen wir dann wirklich für diese Kinder einen Bund mit Gott – oder vielleicht doch nur ein nettes Familienfest?

Der Bund mit Gott macht aus unserem Leben keine heile Welt, er nimmt uns nicht den Schmerz und das Unglück, den Tod und die Trauer – das hat auch schon Karl May gewusst. Der Bund mit Gott merzt das Böse nicht aus unserer Welt aus. Es gibt die Schurken und Halunken – und manchmal mag es die Schurken und Halunken auch in mir geben.

Der Bund mit Gott lässt uns aber anders mit all dem umgehen – weil wir als Christen wissen: Der Tod, das Böse, die Ungerechtigkeit haben nicht das letzte Wort. Wir mögen manchmal Gottes Wort auf unsere Lebenssituation hin nicht verstehen – deshalb brauchen wir aber das Bündnis nicht infrage zu stellen. Seine Zusage gilt, er macht sich uns gegenüber verbindlich – und in Jesus Christus wird dieses Bündnis Mensch, wird es leibhaftig – und das Wort ist Fleisch geworden …

Das Fest der Taufe des Herrn steht am Ende des Weihnachtsfestkreises – für einige Wochen kehrt nun auch kirchlich der Alltag, die Zeit im Jahreskreis ein. Zugleich steht die Taufe Jesu am Beginn seines öffentlichen Wirkens. Die Kombination finde ich ganz spannend: Das Bündnis zwischen Gott und Mensch, der heilige Bund, will im Alltag gelebt und bestanden sein. Und all die Feste, die wir in den vergangenen Wochen feiern durften, dienen nicht dazu, den Alltag zu vergessen, sondern wollen ganz im Gegenteil die Kraft für den Alltag geben, wollen die Kraft dafür geben, den Alltag anders anzugehen. Es hört nicht auf, sondern der Weg fängt an – so wie mit jeder Taufe ein Weg anfängt, ein Weg zwischen Gott und den Menschen, ein Bündnis der Liebe, ein heiliger Bund.

»Ich will einen ewigen Bund mit euch schließen« – die Zusage gilt.

Sage ich wirklich »ja« dazu?

… denn eigentlich ist Weihnachten ganz anders

Weihnachten hört nicht auf, sondern fängt immer wieder neu an – jeden Tag, 365 Tage im Jahr. Weil Gott Mensch geworden ist, weil Gott mitgeht. Das könnte unser Leben verändern … wenn wir denn wollen.

An uns liegt es, ob wir diese Einladung annehmen. An uns liegt es, ob wir mit unserem Leben Antwort geben auf das Wort, das uns gesagt wird. An uns liegt es, ob wir diesem Geheimnis der Menschwerdung Gottes in unserem Alltag Raum geben, ob wir Gott in unserem Alltag leben.

Damit wir vielleicht eines Tages dann mit Karl Rahner sagen können, durchbuchstabiert auf unsere eigene Situation:

> *Ich habe gearbeitet, habe geschrieben, doziert, meine Pflicht zu tun, mein Brot zu verdienen gesucht. Ich habe in dieser üblichen Banalität versucht, Gott zu dienen. Fertig.*

In der Banalität unseres Alltags Gott zu dienen versuchen, weil Gott selbst sich uns gibt. Das ist die Konsequenz von Weihnachten.

Fertig.

QUELLENNACHWEIS

Die Texte von *Karl Rahner* sind entnommen aus: Karl Rahner, Das große Kirchenjahr. Geistliche Texte © Verlag Herder Freiburg im Breisgau 1987.

Das Gedicht von *Dorothee Sölle* auf Seite 30 –31 »Gib mir die gabe der tränen gott« ist entnommen aus: Dorothee Sölle, Fliegen lernen. Gedichte © Wolfgang Fietkau Verlag, Kleinmachnow, 35; hier zitiert nach: Dies., Den Rhythmus des Lebens spüren, Verlag Herder Freiburg im Breisgau 2001, Herder Spektrum Taschenbuch.

Das Zitat von *Alfred Delp* auf Seite 103 ist entnommen aus: Alfred Delp, Gesammelte Schriften IV, S. 60f. © Verlag Josef Knecht, Freiburg im Breisgau.

Das Zitat von *Piet van Breemen* auf Seite 105 ist entnommen aus: Ders., Was zählt, ist Liebe. Exerzitien für den Alltag. © Verlag Herder Freiburg im Breisgau 1999, Neuausgabe 2006.